朝礼で話そう！
安全衛生のキーポイント

まえがき

　本書は、平成23年5月から平成26年7月まで、『労働安全衛生広報』（労働調査会発行）に「工場長・現場所長のための朝礼で話そう！　安全衛生のキーポイント」というタイトルで連載した記事を、取りまとめ、一部を加筆修正するなどして、1月～12月の毎月ごとの「キーポイント解説」、「工場長挨拶例」、「現場所長挨拶例」として作成したものです。

　労働安全衛生広報掲載分には、直近で発生した自然災害や重大な労働災害など時事的な事項や労働安全衛生関係の法改正・厚生労働省の統計等の情報なども掲載していましたが、本書の解説・挨拶例では、これらの内容は、ほぼ削除しています。しかし、解説の末尾に各月の安全衛生関係主要取組事項を掲載していますので、挨拶のテーマとして参考にしてください。また直近に発生した安全関係の出来事や情報は、聞いている方の理解や共感を得られやすいので、挨拶の都度、取り入れていただきたいと思います。

　挨拶例については、各月ごとに、「工場長挨拶例」と「現場所長挨拶例」を掲載しています。「工場長挨拶例」は、一般の工場の長ばかりでなく、本社機能を有する事業場や中大規模の製造事業所・物流センター、貨物配送所、大規模小売店等々のトップや安全衛生の責任者としての挨拶として、活用できるものと思います。

　また「現場所長挨拶例」は、建築工事・土木工事やその他の建設工事の現場所長・工事責任者のみならず、製造業の中でも、構内下請企業が多く混在する造船業や製鐵所、東日本大震災関連の復興工事や除染作業の現場の責任者の挨拶としても活用できるものと思います。

　本書の挨拶例は、各工場長・現場所長が会議等において、挨拶をされる際のヒントとして考慮していただければありがたく思います。

　本書が、製造業、運送業、建設業などの工場長・現場所長などに、広く活用され、労働災害・健康障害の防止に、少しでも寄与することができれば幸いです。

　最後に、本書の編纂に当たり種々のご指導ご支援を賜りました労働安全衛生広報編集部大石真生氏に対して深く感謝申し上げます。

　平成28年4月

田中　和三

目次

1月 ……………………………… 7
- 工場長朝礼挨拶 ……………… 10
- 現場所長朝礼挨拶 …………… 12

2月 ……………………………… 15
- 工場長朝礼挨拶 ……………… 18
- 現場所長朝礼挨拶 …………… 20

3月 ……………………………… 23
- 工場長朝礼挨拶 ……………… 26
- 現場所長朝礼挨拶 …………… 28

4月 ……………………………… 31
- 工場長朝礼挨拶 ……………… 34
- 現場所長朝礼挨拶 …………… 36

5月 ……………………………… 39
- 工場長朝礼挨拶 ……………… 42
- 現場所長朝礼挨拶 …………… 44

6月 ……………………………… 47
- 工場長朝礼挨拶 ……………… 50
- 現場所長朝礼挨拶 …………… 52

7月 ･･････････････････････････････････････ 55
- 工場長朝礼挨拶 ･･････････････････････ 58
- 現場所長朝礼挨拶 ･･････････････････ 60

8月 ･･････････････････････････････････････ 63
- 工場長朝礼挨拶 ･･････････････････････ 66
- 現場所長朝礼挨拶 ･･････････････････ 68

9月 ･･････････････････････････････････････ 71
- 工場長朝礼挨拶 ･･････････････････････ 74
- 現場所長朝礼挨拶 ･･････････････････ 76

10月 ････････････････････････････････････ 79
- 工場長朝礼挨拶 ･･････････････････････ 82
- 現場所長朝礼挨拶 ･･････････････････ 84

11月 ････････････････････････････････････ 87
- 工場長朝礼挨拶 ･･････････････････････ 90
- 現場所長朝礼挨拶 ･･････････････････ 92

12月 ････････････････････････････････････ 95
- 工場長朝礼挨拶 ･･････････････････････ 98
- 現場所長朝礼挨拶 ･･････････････････ 100

参考資料①安全衛生関係年間行事予定 ･････････････ 103
参考資料②安全衛生年間計画記載例 ･････････････････ 107
参考資料③ストレスチェック指針 ･････････････････････ 119

1月

January

1月

1月の安全衛生関連行事

- **建設業年末年始労働災害防止強調期間**（建設業労働災害防止協会）
  12／1〜1／15
- **年末年始無災害運動**（中央労働災害防止協会）
  12／15〜1／15
- **防災とボランティア週間**（国土交通省）
  1／15〜21
- **防災とボランティアの日**（国土交通省）
  1／17

新年を迎えて、安全衛生目標の表明！

　皆様、新年おめでとうございます。年頭に当たり、各事業場においては、事業所長、工場長、現場所長が、昨年の労働災害や交通災害等の発生状況を踏まえ、新年の業務運営方針や災害防止の目標等を表明することと思います。

　労働災害の発生状況については、全国の状況については、厚生労働省から、都道府県の状況については、都道府県労働局から発表されていますので、地域や同業種の発生状況等を確認し、自社と比較するなど参考としてください。また、死亡災害の事例も発表されていますので、発生原因や再発防止対策等を、自社の災害防止対策の警鐘としてください。

　労働災害や交通災害、仕事に起因する健康障害などは対策を講ずることによって防止し、減少させることができるのですから、年頭に当たり、各事業場においては、労働災害も交通災害も健康障害も絶対発生させないという強い意思をもって防止の取組をしていただきたいと思います。

　さて、1年の初めですから、事業場・工場・作業所・現場において事業所長や工場長、配送センター長、建設現場所長などは、各事業場のトップとして、業務全般について年頭の所信を表明することと思いますが、安全衛生業務についても、昨年の労働災害発生状況や安全衛生業務の実施結果を踏まえ、新しい年の安全衛生基本方針を策定し、これを労働者に表明することが重要です。工場、現場のトップが労働者の安全と健康をどのように大切に考

えているかを、労働者に伝えるもっとも大切な機会となります。

また、製造・運送・建設の現場において、重大な災害を発生させないことが、生産目標、工程目標を達成するための大前提となっていることを、全労働者に、あらためて認識させることも重要なことです。一旦大きな災害が発生した場合には、生産・運送・建設業務が停止し、業務目標達成に大幅に支障をきたすことがあることを、事例を交えて話せばわかりやすいと思います。

そのうえで、「社員の安全と健康は生産の基礎である。」、「災害0は、社員、家族、会社みんなの願いである。」といった内容の基本方針を策定し、工場、現場のトップの意思として表明・宣言し、一丸となって、労働災害防止に取り組んでいくことになります。

建設業においては、重大な災害を発生させないことが、工事の品質を確保し、工程目標達成するための大前提となっていることを、全作業員に、あらためて認識させることも重要なことです。建設現場の場合も、一旦、大きな災害が発生した場合には、現場の作業全体が停止し、工程目標達成に大幅に支障をきたすことがあることを、事例を交えて話せばわかりやすいと思います。

さらに、事業場や現場の前年の災害発生状況、健康管理の状況を踏まえた上で、「リスクアセスメントで、危険を排除し、休業災害0を達成する！」、「健康診断有所見者への健康指導を実施し、所見率を5ポイント低下させる。」など、具体的な年間の安全衛生目標を策定し、年間を通じて、目標達成に向けて、安全衛生活動に取り組むことになります。目標は、具体的でかつ実現可能性のある内容を設定すべきで、それにより、作業者全員が目標達成へ向けて共通認識を持ち、モチベーションを維持し、また安全意識を高めることができます。

1月の安全衛生関係主要取組事項

◎年末年始無災害運動の実施
◎前年の災害発生状況の把握分析と災害防止対策の発表
◎新年の安全衛生方針及び安全衛生目標の表明
◎厳寒期の労働災害防止（雪下ろし・除雪作業時の災害防止、凍結路面での転倒防止）
◎年末年始交通事故の防止、通勤途上の交通事故の防止

|工　場　長|　朝礼挨拶

新年安全衛生目標の表明！

　皆様、新年おめでとうございます。今年第1回の委員会になりますが、今年も委員の皆様には、委員会の活動にご尽力いただきますようお願いいたします。今年の干支の「○○」にあやかり、無事故・無災害のよい年としたいものです。

　さて、年頭に当たり、昨年の反省を踏まえ、今年の決意と目標についてお話したいと思います。

1　昨年を振り返って

　昨年1年を、振り返ってみますと、年の後半は、業務量が増加し、部署によっては、忙しい状況があり、当工場の生産目標は達成しました。

　労働災害の発生状況は、当工場においても、昨年は、重大な災害はなかったとはいえ、○件の休業災害が発生しています。不休災害も含めると、さらに数倍の件数が確認されています。

　この災害の内訳をみると、半数以上は、階段や通路における躓きや転倒による打撲、捻挫などの災害です。当工場においては、転倒災害防止の呼びかけ、注意喚起を行いましたが、残念ながら、転倒災害が減少しないという状況です。そして、転倒災害の被災者（わかりやすく言うと、転倒して負傷した方）は、全員が、50～60代の方です。発生状況は、いずれも、階段を踏み外して転倒したとか、工場床面の滑りやすい箇所で滑って転倒したり、段差で躓いて転倒したなどです。

　当工場の現業部門の50歳以上の方の比率は、約38％で、平均年齢は43歳と、確かに高いのですが、転倒災害が、年配者に集中している現状は、何とか、改善しなければならない課題といえます。年をとると、足腰も弱るし、バランスも感覚も鈍るので、仕方ないでは済まされない問題だと思います。なぜなら、今後も当工場は、60歳以上の再雇用の方が増加しますし、パートなどで採用する方も、8割は、50代以上の方という状況があるからです。ですから、工場内の階段や床面の滑りやすい箇所や段差については、リスクアセスメントなどの方法で、把握し、

改善していただきたいと思います。

　また、機械・設備への接触や挟まれなどの災害も発生しています。これらは、状況によっては、手指などの障害につながることもありますので、万全の備えが必要なのですが、不注意で機械に触れたり、点検や清掃中に機械の運転を止めずに、手指を挟んだりなどの災害が出ていますので、もう一度、このような災害をなくすために、基本的な対策を考えていただきたいと思います。

2　年間安全衛生目標の表明

　1年の初めですから、全工場（作業所・現場）共通の安全衛生の基本方針と当工場の安全衛生目標を策定していますので、本日、これを皆様に、お知らせします。

　今年の会社の安全衛生の基本方針は、「社員の安全と健康を第一に、品質を確保し、生産目標を達成する。」であります。

　製造現場で、社員に労働災害が発生したり、健康を損ねたりすれば、製品の品質に影響が及ぶこともありますし、また、その時々の生産目標達成にも影響が出るということは、皆様も経験上おわかりになると思います。しかし、この基本方針でいっていることは、品質確保、生産目標達成のために、社員の安全と健康が大事といっているのではなく、品質確保、生産目標達成を度外視して、社員の安全と健康が第一であるといっているものでもなく、品質確保・生産目標達成と社員の安全と健康の確保は、一体で達成するということを表明しているものです。

　次に、当工場の安全衛生目標は、「リスクアセスメントで、転倒・挟まれ危険箇所をなくし、休業災害０を達成しよう！」です。

　これは、先ほどもお話したとおり、昨年、当工場では、階段や通路での転倒災害が○件、機械挟まれ災害が○件発生しています。したがって、休業災害０という目標を達成するためには、転倒災害、挟まれ災害をなくすことを主眼にリスクアセスメントを実施し災害防止対策を講じていくということであります。

　この「基本方針」の下で、「休業災害０の目標」達成に向けて、全員一丸で取組をしていきたいと思います。どうぞ、1年間、一緒にがんばりましょう。

| 現 | 場 | 所 | 長 | 朝礼挨拶 |

安全衛生目標に向けて新たな取組！

1　昨年を振り返って

　皆様、新年おめでとうございます。
　今年第1回の災害防止協議会になりますが、昨年は、当社各現場の工事の進捗そして労働災害の防止に、それぞれの立場でご協力・ご尽力を賜り、ありがとうございました。そして、今年も各協力会社の皆様には、労働災害を防止するため、災防協の活動にご尽力いただきますようあらためてお願い申し上げます。今年の干支の「○○」にあやかり、無事故・無災害のよい年としたいものです。さて、年頭に当たり、訓示めいた話になりますが、昨年の反省を踏まえ、今年の決意と目標についてお話したいと思います。
　昨年、当社が施工する現場では、大きな労働災害、交通災害はなかったとはいえ、○件の休業災害が発生し、年頭に立てた労働災害防止目標を達成することができませんでした。このほかに、不休災害が○件、車両交通事故が○件発生しており、安全面の成績は必ずしも良い結果を出すことができませんでした。今年こそは、私どもの現場で、労働災害や交通災害が発生しないよう、万全の対策を講じていきたいと考えていますので、各社の皆様の絶大なるご協力・ご尽力をお願いしたいと考えています。
　私どもの現場を管轄する○○労働局における労働災害の発生状況は、長期的には減少しているとはいえ、業種や地域によっては、増加している状況もあります。このうち、建設業の休業災害の発生状況は、全体の○○％を占めている状況です。この災害の内訳をみると、相変わらず、墜落・転落災害や、転倒災害が多く発生しています。また、死亡災害の事例も発表されていますが、半数以上は、足場や作業床からの墜落災害です。このほか建設機械等の接触による巻き込まれ災害やクレーン等からのつり荷の落下による災害などが発生しています。
　当社の現場では、死亡災害は発生していないとはいえ、近隣の他社の

現場において、このような墜落・転落や重機・クレーンによる死亡災害が発生していることを、警鐘として、新たな気持ちで、労働災害防止に取り組んでいただきたいと思います。当現場では、このような死亡・重大災害は絶対に起こさないという強い決意を新年第1回の協議会において表明いたします。

　また、現場外における業務中や通勤途中の交通事故も数件発生していますので、交通事故についても、絶対発生させないことを、あらためて、確認していただきたいと思います。

2　新年安全衛生目標の表明

　そして、年頭に当たり、全社共通の安全衛生の基本方針と当現場の安全衛生目標を策定していますので、本日、これを皆様に、お知らせします。

　今年の会社の安全衛生の基本方針は、「社員の安全と健康を第一に、品質を確保し、工程目標を達成する。」であります。建設現場で、社員に労働災害が発生したり、職員・作業員が健康を損ねたりすれば、工程や品質に影響が及ぶこともありますし、また、その時々の工程目標達成にも影響が出るということは、皆様も経験上おわかりになると思います。しかし、この基本方針でいっていることは、品質確保、工程目標達成を度外視して、社員の安全と健康が第一であるといっているものでもなく、これらは一体で達成するということを表明しているものです。

　次に、当現場の安全衛生目標は、「全員KYで、墜落・転倒・不安全作業をなくし、休業災害0を達成する！」です。

　これは、先ほどもお話したとおり、昨年、当現場で発生した○件の、休業・不休災害のうち、階段や通路での転落・転倒災害が○件、クレーン玉掛け作業中の災害が○件発生しています。したがって、休業災害0という目標を達成するためには、転落・転倒災害、玉掛け災害をなくすことが優先課題となります。転落・転倒災害、玉掛け災害防止を主眼にKYを実施し、作業マニュアルを守って、これらの災害防止対策を講じていきます。

　この「基本方針」の下で、「休業災害0の目標」達成に向けて、全員一丸で取り組んでいきたいと思います。

　以上、皆様、1年間、一緒にがんばりましょう。

2月

February

2月

2月の安全衛生関連行事
・職場における健康診断推進運動（(公社)全国労働衛生団体連合会）
2／1～28

厳寒期の災害防止・次年度安全衛生計画の策定

【厳寒期の安全と健康の確保】

　2月に入っても、まだまだ、寒い日が続いています。積雪の多い地域や寒冷地域では、雪下ろし作業中の墜落災害や除雪作業における巻き込まれ災害などが各地で発生しています。また、普段は、降雪の少ない地域でも、たまに、降雪があると、積雪した路面で転倒するなどの災害も発生しています。業務中や業務外も含め、雪下ろし作業や積雪・凍結路面における転倒災害防止について、各事業場ごとの周辺環境に応じた防止対策を、従業員、作業員に徹底していただきたいと思います。また、この時季、各地においてインフルエンザ患者が増加している情報が発信されていますので、各事業場において、インフルエンザの防止について注意喚起を行う必要があります。特に、手洗いとうがい、マスクの着用など基本的なことを励行するよう、安全衛生委員会などから、従業員に発信していただきたいと思います

【次年度安全衛生計画の策定】

　一般企業においては、この時期になると、前年の災害発生状況を分析するなどして、次年度の労働災害防止対策（安全衛生年間計画記載例※107～117ページに記載例を掲載）を作成することと思います。労働安全衛生マネジメントシステムにおけるPDCAサイクルのC（Check、評価）→A（Act、改善）→P（Plan、計画）の事項を、この時期に集中して行わなければなりません。前年踏襲型の計画では、同じレベルを維持するどころかレベル低下するかもしれませんので、しっかりとチェック（評価）して、実効ある安全衛生計画を策定していただきたいと思います。その際、次の3つの

ことを重点に考えていただきたいと思います。

　まず、災害発生状況の分析に当たっては、単に災害件数のみならず、発生状況や発生原因の分析を詳細に行い、効果的な防止対策を講ずることが肝要です。最近では、高年齢者を中心に躓きや転倒などの災害も多く出ていますので、高年齢者の災害防止対策も必要です。建設機械やクレーン等の作業にかかる災害は、相変わらず多発していますので、該当する作業がある事業場ではこれらの対策も重要です。また、自社の他の工場・現場で、あるいは、同業種でどのような災害が発生しているかなど情報を収集し、自社の対策に反映させることも重要です。

　次に、新入社員や異動等により新たに業務に従事する者などを対象とした安全衛生教育計画について時期や実施方法など具体的に定めることが重要です。免許や技能講習、特別教育、作業主任者などの資格が必要な業務については、代替要員も含め有資格者が不足しないよう、教育計画を策定する必要があります。また、危険有害業務に従事する者に対する再教育や安全管理者や作業主任者などに対する能力向上教育なども、年度ごとの対象者をあらかじめ選定することにより、実施もれ等を防ぐことができます。

　そして、健康管理・健康増進対策も毎月の安全衛生委員会において審議されるよう年間計画において月ごとのテーマなどを掲げておくことが必要と思われます。健康診断の実施方法や健康診断結果に基づく事後措置、ストレスチェック（ストレスチェック指針※119〜148ページ掲載）の実施等については人事担当部署や健康保険組合と連携・調整して、より確実に効果的に実施できるよう工夫した取組を行うことが必要です。

　そして、安全衛生計画の遂行に当たっては、社員から新年度の「スローガン」を募集して、掲げるなど、組織全体で取り組んでいくような計画を策定し、実行することが最重要のことです。

2月の安全衛生関係主要取組事項

◎厳寒期の労働災害・通勤災害の防止…除雪作業、凍結路面での転倒防止、社有車・私有車運転時のスリップ事故の防止
◎次年度安全衛生計画・安全衛生教育計画の策定
◎次年度安全衛生目標・スローガンの募集と策定
◎インフルエンザの予防
◎寒冷時の運動不足、飲酒等による生活習慣病の予防

| 工 | 場 | 長 |　朝礼挨拶

厳寒期の災害防止・次年度安全衛生計画の策定！

1　厳寒期の災害防止・健康管理

　2月に入り、立春とはいえ、まだまだ厳しい寒さが続いています。皆様、それぞれの担当業務が忙しいところ委員会にご出席いただきご苦労さまです。

　最初に、この時季の、労働災害、健康管理のことについて、あらためてお話します。

　皆様もご存じだと思いますが近隣の会社に勤める方が、当工場近くの県道において、凍結した路面でスリップして電柱に衝突し死亡するという交通事故が発生しています。当工場の社員の一部の方は、社有車で運転業務を行いますので、スピードを出し過ぎないよう万全の注意をお願いします。また、パートの方で車や自転車通勤を許可されている方も、通勤途中でスリップ事故、転倒事故を起こさないよう十分な注意をお願いします。もちろん、仕事外で車を運転する場合も同様です。本日の委員会において、あらためて、社内全員に、凍結路面でのスリップ事故等交通事故防止の注意喚起の方法について審議していただきたいと思います。

　また、1月中旬から、各地において散発的にインフルエンザが流行している情報が発信されていますが、当県でも、インフルエンザの患者数が、増加しているとの報道がされていますので、各自、体調管理、衛生管理に努めていただきたいと思います。特に、手洗いとうがい、マスクの着用を励行するよう委員会から、発信していただきたいと思います。工場の従業員が何人もインフルエンザにり患する状況になると、工場の操業に影響がでてきますので、全員が予防に心がけてください。

2　次年度安全衛生計画の策定

　このほか、本日の議事については、事務局のほうからも連絡がされていますが、次年度の安全衛生計画について、委員の皆様のご意見をお聞きして決めていきたいと思っています。前年の会社全体の災害発生状況は、件数が増加したわけではありませんが、相変わらず、機械や工具で、

手指を切ったり挟まれたりという災害が出ています。工場敷地内の段差や階段等での、転倒災害も多く発生しています。発生原因で見ますと、不安全行動やマニュアルに反する作業により発生した災害が多く出ています。機械・設備については、リスクアセスメントの実施により、安全カバーなどの欠落や欠陥はほとんど見られなくなっていますが、点検や清掃中の作業手順を守らず事故につながったケースが出ています。このような災害をなくすことを重点にして、次年度の安全衛生計画を立てていただきたいと思います。計画策定にあたっては、前年踏襲型でなく、PDCAサイクルのCheck（評価）とAct（改善）をしっかり行って、次年度の計画を策定していただきたいと思います。

　また、計画を作るに当たり、次のことを考慮してください。

　1つは、4月に、新規採用や異動により、本工場に新たに入ってくる社員もいますし、パート・アルバイトや派遣社員の変動もありますが、これらの人たちの研修や教育計画について、持っている資格をチェックして、従事する業務が、免許や技能講習、特別教育などの資格が必要な業務については、代替要員も含め資格者が不足して無資格就業とならないよう、教育計画を策定する必要があります。

　また、危険有害業務に従事する者に対する再教育や管理者に対する能力向上教育なども次年度の対象者を選定し、計画の対象としてください。特に、クレーンやフォークリフトの運転、玉掛け業務従事者などは、資格取得後5年を目安に、再教育を行うことになっていますので、これらの対象者に対する計画を作成してください。

　もう1つ、健康管理・健康増進対策も毎月の安全衛生委員会において審議されるよう月ごとのテーマなどを定めておくことが必要と思われます。健康診断の実施時期や健康診断結果に基づく事後措置等についても、健康保険組合と連携して、より効果的な取組みを行うことを考慮してください。

　そして、安全衛生年間計画の遂行に当たっては、次年度「安全衛生スローガン」を社員から募集し、これを掲げて、年度を通じて工場全体で取り組んでいくこと、そのような計画を策定していただきたいと思います。

　以上、よろしくお願いします。

| 現 | 場 | 所 | 長 | 朝礼挨拶 |

厳寒期の現場災害の防止！

1　厳寒期の現場災害・交通事故の防止

　おはようございます。
　立春とはいえ、まだまだ厳しい寒さが続いていますが、皆様には、毎日、寒さの中を作業を進めていただき、本当に頭が下がる思いがいたします。ご苦労様です。どうぞ、もう少し暖かくなるまで、頑張っていただきたいと思います。
　さて、この時季になると、身近なところで、雪降ろし作業中に屋根から墜落したとか、除雪車に巻き込まれたとか、早朝にトラックが凍結路面でスリップして大規模な衝突事故を起こしたとかいう事故の話しを聞きます。当現場では、このような大きな事故は起きていませんが、1月に入って2件の転倒災害が発生しています。1件は通勤途中の積雪の路面で、もう1件は敷地内の凍結した場所を通行していて滑って転倒したというものです。この時季、道路も敷地内も積雪や凍結した箇所がありますので、滑らないように、通行する場所をよく選んで、慎重に行動してください。また、当然ですが、敷地内、構内の作業場所・通路は、よく点検して凍結箇所をなくし、安全通路を通行することを遵守していただきたいと思います。
　週末は、また寒波が襲来し、かなりの降雪があるという予報ですが、その際の屋上部や足場上の雪降ろしや現場の除雪作業に当たっては、作業方法、特に、墜落防止対策など綿密に検討して、作業を行ってください。作業方法や安全対策については、事前に、私にも報告していただきたいと思います。また、敷地の北側、西側は、寒波の際などは、強風が吹きつけてきますので、足場やネットの取付け状況を念入りにチェックして、ゆるみがあれば直ちに補修してください。このほか、クレーンやエレベータについても、強風時には転倒防止等の点検を実施してください。
　また、現場まで車を運転する方、マイカー通勤されている方は、くれ

ぐれも、スピードを出さず、急ハンドル、急ブレーキはしないなど、スリップ事故防止に万全を期して運転してください。

この他、現場内の通常作業についても、日ごろからお願いしているとおり、安全作業基準を遵守して、労働災害防止を徹底していただきたいと思います。まだまだ気温が低く、午前中の、陽当たりのない場所では、０度近い気温の作業場所もあります。そのため、身体が温まらず、足腰の動きが悪くて、段差で躓いたり、脚立や足場上でバランスを崩して、転倒や墜落災害につながる可能性もあります。

また、寒いので、安全通路を通らず近道しようとしたり、作業基準で定められている作業方法を一部省略して作業を行い、事故が発生する可能性もあります。作業開始前には、スポーツ選手と同じように、ストレッチや体操をするなどして、身体を温め、足腰を伸ばして、作業を行うようにしていただきたいと思います。

寒いこの時季こそ、基本的な安全のルール・作業マニュアルを守って作業を行うことを徹底してください。

2　冬期の健康管理

もう１つ、健康管理について、この時季は寒いですから、仕事帰りや帰宅して、お酒を飲まれる方が多いと思います。熱燗も肴もうまいですから、つい飲みすぎてしまうとこともあると思いますし、外は寒いですから、運動もあまりできないので、この時季に、メタボになったり、肝機能が低下したり、血圧が高くなったりなど体調を崩す方も多いと聞いています。どうぞ、飲みすぎ食べ過ぎに気をつけ、休肝日を設けるなどして各自健康管理に配慮していただきたいと思います。

また、各地で、インフルエンザが流行ってきているとのことですので、手洗い、うがいの励行や人ごみではマスクを着用するなど、予防を確実に行っていただきたいと思います。現場の作業員の方が何人もインフルエンザにかかって休むような状況になりますと、工程にも影響が出ることになりますので、各自体調管理と予防に努めてください。同じく、ノロウィルスにも注意をしてください。

以上、日々の体調管理と安全の確保は、一体で行っていきたいと考えますので、どうぞよろしくお願いします。

3月

March

3月

3月の安全衛生関連行事
- 春の全国火災予防運動（消防庁）
  3／1〜7
- 車両火災予防運動（消防庁）
  3／1〜7
- 下期建築物防災週間（国土交通省）
  3／1〜7

年間を通じ充実した安全衛生教育の実施を！

【的確な年間安全衛生教育計画の策定】

　3月は、年度の締めくくりの月であり、安全衛生関係業務についても、当該年度の実施状況や労働災害発生状況を集計分析し、新年度の安全衛生計画を策定します。安全衛生計画の重点事項として、次年度の採用状況及び人員配置の状況等を踏まえ、安全衛生教育・研修の充実した実施について的確に計画を策定する必要があります。

　ところで、厚生労働省が、昭和41年から5年ごとに実施している「労働安全衛生調査」（平成25年）によると、安全衛生教育（特別教育を除く。）を実施している事業所の割合は約77％ありますが、約21％の事業所で安全衛生教育が実施されていません。このうち、作業内容変更時教育や職長等に対する教育の実施率は約34％と、実施率が低い状況となっています。

　こうした状況を踏まえて、中央労働災害防止協会は、毎年12月1日から翌年の4月30日までの期間に、事業場における安全衛生教育を促進する運動を実施しています。この運動では、次の事項を実施するよう呼びかけています。

　(1) 年間の安全衛生教育実施計画の作成、これに基づく安全衛生教育の計画的な実施、(2) 安全衛生教育の実施結果の記録・保存 (3) 安全衛生教育に関する業務の実施責任者の選任、(4) 法定安全衛生教育等の徹底、（次の①〜⑧）①新規採用者に対する雇入れ時教育（労働安全衛生法第59条第1項）、②配置転換等による作業内容変更時教育（同法第59条第2項）、③職長等に新たに就任する者に対する職長等教育（同法第60条）、④労働安全衛

生規則第36条に定める危険有害業務に新たに従事する者に対する特別教育（同法第59条第3項）、⑤就業制限業務に従事する者に対する免許・技能講習を取得するための資格教育（同法第61条）、⑥安全衛生業務従事者（安全管理者、衛生管理者、安全衛生推進者、衛生推進者等）を選任・配置するための教育等（同法第19条の2）、⑦安全衛生業務従事者に対する能力向上教育等（同法第60条）、⑧危険有害業務従事者に対する教育（同法第60条の2）

　これらの安全衛生教育については、各事業場・現場における危険有害業務の実施状況、労働者の採用・異動等配置の状況、各労働者の経歴、資格取得の状況等を勘案し優先度を決定し、計画を決める必要があります。

【Safe Workで労働災害防止】

　東京労働局では、平成25年度を初年度とする第12次労働災害防止計画を実施するに当たり、労働災害防止は、行政や労働災害防止団体などだけでなく、すべての関係者が、「労働災害は本来あってはならないものである」との認識を共有し、それぞれの立場に応じた責任ある行動をとることが必要であるとし、「首都東京」においては、企業風土が異なる外資系企業の集中や外国人労働者をはじめ、様々な属性や価値観を有する労働者が多数存在するなど、共通認識の形成が困難な側面もあるとしています。このため、目指すべき社会の実現に向け、誰もがわかりやすく、共感が得られるよう、"Safe Work TOKYO"をキャッチフレーズとして、「安全・安心な首都東京の実現」に向け「官民一体」となった取組を推進するとしています。"Safe Work"という言葉は、「安全に仕事をする」ということで、当たり前の言葉ですが、「安全第一」、「０災害、達成」などのフレーズと比較して、生産や建設の現場の実態を踏まえた、作業者の感覚にマッチしたフレーズのように感じられます。業務遂行に当たり、常に安全を確保して働くという意味に捉えれば、わかりやすく、理解できます。

３月の安全衛生関係主要取組事項

◎年度労働災害発生状況等の取りまとめ
◎新年度安全衛生計画の策定
◎新年度安全衛生教育計画の作成
◎安全衛生教育促進運動への参加と取組
◎"Safe Work"の取組

| 工 | 場 | 長 | 朝礼挨拶

次年度安全衛生計画の策定！

1　安全衛生教育の促進

　おはようございます。年度末を迎え、当工場の○○年度の業務の締めくくりまで、あと3週間となりました。年度の生産実績は、一時的に原材料の不足や人員の偏在等の問題もあり、年末の時点ではやや遅れ気味でしたが、3月末では目標どおりに生産は達成できる見通しとなっています。本年度の当工場における労働災害発生状況は、不休災害が○件ありましたが、幸いなことに休業災害は発生していません。何とか、今年度の休業災害0の目標を達成したいものです。

　ところで、3月は、年度の締めの月であり、当該年度の実施状況や労働災害発生状況を集計分析し、新年度の安全衛生計画を策定します。安全衛生計画の重点事項として、次年度の採用状況及び人員配置の状況等を踏まえ、安全衛生教育研修の充実した実施について的確な計画を策定する必要があります。

　安全衛生教育・研修の実施については、中央労働災害防止協会が、毎年12月1日から翌年の4月30日までの期間に、事業場における安全衛生教育を促進する運動を実施しています。この運動には、建設業労働災害防止協会や日本クレーン協会など20を超える災害防止団体が協賛しています。そして、この運動では、次の事項を実施するよう示されています。(1) 年間の安全衛生教育実施計画の作成、これに基づく安全衛生教育の計画的実施、(2) 安全衛生教育の実施結果の記録・保存、(3) 安全衛生教育に関する業務の実施責任者の選任、(4) 法定安全衛生教育等の実施の徹底などです。法定の安全衛生教育とは、次の8項目の教育です。①新規採用者に対する雇入れ時教育（労働安全衛生法第59条第1項）、②配置転換等による作業内容変更時教育（同法第59条第2項）、③職長等に新たに就任する者に対する職長等教育（同法第60条）、④労働安全衛生規則第36条に定める危険有害業務に新たに従事する者に対する特別教育（同法第59条第3項）、⑤就業制限業務に従事する者

に対する免許・技能講習を取得するための資格教育（同法第61条）、⑥安全衛生業務従事者（安全管理者、衛生管理者、安全衛生推進者、衛生推進者等）を選任・配置するための教育等（同法第19条の2）、⑦安全衛生業務従事者に対する能力向上教育等（同法第60条）、⑧危険有害業務従事者に対する教育（同法第60条の2）、以上8項目です。

　これらの安全衛生教育については、各ラインにおける危険有害業務の実施状況、労働者の採用・異動等配置の状況、各労働者の経歴、資格取得の状況、優先度等を勘案し、決定し通知しますので、もれなく受講されるよう調整をお願いします。

2　"Safe Work"の取組

　東京労働局では、第12次労働災害防止5か年計画を推進するに当たり、"Safe Work　○○"をキャッチフレーズに、製造業や建設業、運送業などにおける労働災害防止の取組を要請しています。

　この"Safe Work"という言葉の意味は、「安全に仕事をする」ということで、当たり前の言葉ですが、「安全第一」、「0災害達成」などのフレーズと比較して、生産や物流や建設の現場の実態に応じた、現場の作業者の感覚にマッチしたフレーズのように感じられます。現場においては、その業務遂行に当たり、常に安全を確保して働くという意味に捉えれば、わかりやすく、受け入れられますし、また、「安全第一」に、反するものでもありません。

　当工場も、この要請に応じて、"Safe Work　○○"のキャッチフレーズで、労働災害防止に取り組むこととしています。当社の労働災害防止の標語は、別に定めていますが、東京都内の製造業や建設業などの多くの現場で、"Safe Work"のキャッチフレーズで労働災害を絶対発生させないという共通の認識を持って、それぞれが、労働災害防止の取組を行うことは、素晴らしいことと思えます。当工場でも、新年度から、この「Safe Work」をキャッチフレーズに、労働災害も交通事故もないよう、全員の力を合わせて、安全に（Safe）、製造を進め（Work）ていきたいと思います。

　以上、よろしくお願いします。

| 現場所長 | 朝礼挨拶 |

"Safe Work" で労働災害防止！

1　労働基準監督署の監督に備える

　おはようございます。年度末を迎え、当現場も工事完工まであと数か月となりました。工程的には、一時的に、人員の不足等の問題もあり、やや遅れ気味でしたが、何とか予定工期どおりに工事は進捗しています。

　現場における労働災害も、幸い、不休災害が○件ありましたが、休業しなければならないような災害は発生していません。何とか、休業災害0でこの工事を完工したいものです。

　ところで、昨年12月に○○労働局管内で建設現場の一斉監督が実施され、その結果が発表されています。それによると、監督実施された現場のうち、約6割の現場で違反が認められたということです。そして、そのうち約35％の現場で、重篤災害につながる足場や高所の作業床等からの墜落・転落防止に関する法違反が認められ改善指導を受け、約15％については、設備等が安全基準に満たず、作業停止や立ち入り禁止等の行政処分を受けています。これらの処分は、他の違反と違って、墜落等の危険性が非常に高いため、作業停止や立入禁止などの処分がされると聞いています。作業停止や立入禁止になると、改善報告して解除の通知を受けるまでの間は、現場の作業が停止しますので大変です。

　当現場には、12月に、この一斉の臨検監督は、ありませんでしたが、工期中に労働基準監督署の査察・監督を受ける可能性はあります。監督署の安全専門官や監督官が、いつ来ても大丈夫なように、現場内は、常に、危険・不安全な箇所がないようにしておく必要があります。

　そうは言っても、広い現場の中の足場や各階の作業床を墜落等の危険がないよう、常に安全な状態にしておくには、現場の人間が一致して、その気持ちにならないとできません。

　足場や仮設通路、クレーンやリフトなどの状況は、私ども管理者も、毎日、点検して安全上問題ないか常に確認しています。しかし、1日の

うちでも、足場の状況は変わります。足場周りで作業する業者の方は、作業の都合で足場の手すりや足場板を取り外すこともあるかと思いますが、その際には、必ず、元どおりに養生しておく、復旧できない場合は、立入禁止等のロープを張っておくなど、墜落防止措置を確実に行ってください。

　労働安全衛生法では、足場や作業床の端、物品揚下ろし口、クレーンや建設用リフトなどは、元請業者も、請負業者もそれぞれの立場で安全措置を行うことが義務づけられています。

2　"Safe Work"で安全施工

　先ほど○○労働局管内で一斉監督があったといいましたが、各労働局が、一斉監督をはじめ労働安全衛生の行事やキャンペーンなどを行う際に"Safe Work"をキャッチフレーズとして、取組が行われています。

　この"Safe Work ○○"のキャッチフレーズは、首都圏の東京・埼玉・千葉・神奈川の４労働局が、第12次労働災害防止５か年計画を推進するに当たり、この言葉を使用して、製造業や建設業、運送業などにおける労働災害防止の取組を要請しています。東京労働局の説明では、誰もがわかりやすく、共感が得られるよう、"Safe Work TOKYO"をキャッチフレーズとして、「安全・安心な首都東京の実現」に向け「官民一体」となった取組を推進するとしています。当現場も、この要請に応じて、"Safe Work ○○"のキャッチフレーズで、労働災害防止に取り組むこととしています（○○は社名でも現場名でもよいといわれています）。

　当社の労働災害防止の標語は、別にありますが、東京都内の多くの現場が"Safe Work"のキャッチフレーズで労働災害を絶対発生させないという共通の認識を持って、それぞれ災害防止の取組を行うことは、素晴らしいことと思えます。

　当現場でも、この「Safe Work」をキャッチフレーズに、完工まで、労働災害も交通事故もないよう、全員の力を合わせて、「Safe Work」で、安全に工事を進めていきたいと思います。

　どうぞ、皆様、よろしくお願いします。

4月

April

4月の安全衛生関連行事
・春の全国交通安全運動（総務省、警察庁など）
4／6〜15
・世界保健デー（世界保健機関）
4／7

新規配置者に対する安全衛生教育

　4月は、製造業、物流業、建設業の現場など多くの職場において、新規採用者や人事異動者を迎えることと思います。新規採用者といっても、正社員ばかりでなく、契約社員や準社員、パート・アルバイトなど現業作業者として採用される者が高い比率を占めるものと思われます。また、正社員であっても、人事異動で事務部門から現場に配置される者や高年齢者の継続雇用で、従来の管理的立場から一般作業員として配置される者など、様々な雇用形態や職務経歴の労働者が現場に新たに配置されるものと思われます。

　工場・現場の管理者は、新規配属者に対して、一律に同じような、研修や教育を行うのではなく、労働者一人ひとりの職務経歴、専門知識、経験を把握し、また、それぞれの労働者が現場においてどのラインに、どの業務に配属するかによって、必要な研修・教育を実施していかなければなりません。

　特に、労働安全衛生法第61条の就業制限にかかる業務については、まず第一に、免許や技能講習等の就業資格を取得させなければなりません。資格取得が遅れて、無資格で就業させ、事故を起こしたり、自ら被災するようなことは、絶対に避けなければなりませんが、実態として、新規配置後ただちに講習を受講できない場合も認められますので、危険有害業務への新規配置が決まった時点で、受講日程等も早めに決める必要があるといえます。

　次に、労働安全衛生法第59条第3項で定められている危険・有害業務従事者に対する特別教育についても、免許、技能講習と同等に、業務を行うに当たり、不可決の教育ですので、遅れることなく実施する必要があります。クレーンの運転業務でいえば、5トン以上の床上操作式クレーンの運転業務

と5トン未満の同じ操作方式のクレーンでは、危険性はほとんど変わりませんし、形状の異なる5トン未満のクライミングクレーンやジブクレーン等については、床上操作式のクレーンより危険性が高いものもありますので、免許・技能講習と同等に優先的に実施する必要があります。

　また、労働安全衛生法第59条第1項、第2項で定められている雇入れ時教育、作業転換時の教育も遅れることなく実施しなければなりません。この雇入れ時や作業転換時の教育については、業務を行うのに必要な作業方法等についての教育と一体的に、安全衛生教育も実施すべきです。

　さらに、労働安全衛生法第60条では、製造業（印刷業など一部の製造業を除く）や建設業、電気業、ガス業、自動車整備業、機械修理業などの業種では、職長その他の作業中の労働者を直接指導または監督する者に対して、労働者に対する指導または監督の方法に関することや労働災害を防止するため必要な事項について教育（職長教育）を実施しなければなりません。

　また、労働安全衛生法第60条の2では、免許・技能講習所持者に対して安全衛生教育を行うよう努めなければならないとされています。この教育は通達では、5年を目安に実施しなければならないとされています。

　このように挙げていくと法定の安全衛生教育は、多岐にわたり、一人に対して複数の講習・教育を実施しなくてはならない場合もありますので、優先度を考慮して研修・教育の計画を立てる必要があります。

　4月には、春の全国交通安全運動が行われます。運送業以外の事業場では、社有車を使用しての運行業務は少ないと思われますが、営業車による得意先回り等の業務従事者に対して、あらためて交通法規の遵守を徹底する必要があります。また、通勤途上の交通事故も多く発生していますので、車やバイク、自転車通勤を行っている労働者を確実に把握し、全員に対して、あらためて、交通安全教育を実施して、交通法規の遵守を徹底する必要があります。

4月の安全衛生関係主要取組事項

◎新年度安全衛生方針・安全衛生目標の表明
◎新規採用者・異動者の作業資格の確認と研修・教育の実施
◎業務に必要な作業資格（免許・技能講習・特別教育）の講習の受講
◎職場のコミュニケーションの円滑化
◎春の交通安全運動への参加・交通労働災害の防止、通勤災害の防止

|工|場|長| 朝礼挨拶

安全衛生委員会挨拶

1　安全衛生基本方針と年度目標の表明

　4月の異動により、当工場では、10数名の新規配属の方を迎えました。
　新たに新入社員で配属された方、他社から転職された方、事務部門から初めて現場に配置された方や定年後の継続雇用された方、さらに新入のパートの方もいます。新たに工場の各部署に配置された方には、まず、業務の内容や業務要領、作業マニュアルについて、机上教育とOJTを併用して、しっかりと教育訓練していただきたいと思います。教育訓練が不十分で、業務に習熟するのが遅れるほど、生産や品質に問題が出てきますので、しっかりと教育訓練をしてそれぞれの部署でスペシャリストになっていただきたいと思います。
　さて、4月は年度の初めですから、当工場の安全衛生の基本方針と安全衛生目標を策定していますので、新人の方にも、しっかりと理解していただきたいと思います。当工場の生産及び安全衛生管理の基本方針は、「社員の安全と健康を第一に、品質を確保し、生産目標を達成する」であります。これは、社員の安全と健康の確保を基礎にして品質の確保・向上を図り、生産目標を達成していくということです。
　また、新年度の安全衛生の目標は「達成しよう。休業災害0！」であります。この目標は、毎年少しずつ言葉を変えていますが、同じ目標を設定しており、いまだ達成できていません。今年度こそ、行うべきことを行って達成していただきたいと思います。
　新人の方は、当工場の「リスクアセスメント」の手法を早く理解し、機械設備の危険な状況や不安全な作業方法などに気づき、見つける能力を身につけていただきたいと思います。そして、把握した危険は、上司や安全衛生委員会の委員に報告するなど、積極的にリスクアセスメント活動に参加してください。

2　新規配置者に対する教育訓練の実施

　また、当工場の年間安全衛生計画において、新規採用者や異動者、

パート、アルバイトに対する研修・教育計画が策定されており、基本的には、この計画に従って研修・教育を実施することとしますが、新規に配属された方の経歴や職務経験は様々ですので、研修担当部門と配属先の所属長が、それぞれの方の職務経歴などをよく把握・考慮して、研修・教育を実施する必要があります。

特に、配置された部署が、工場内で、ボイラーやクレーン運転、玉掛け作業、フォークリフトの運転作業に従事させる場合は、技能講習等の資格なしで就業することがないよう、早急に教習機関で講習を受講させる必要があります。また、工場内の作業については、特別教育が必要な業務がいくつかありますので、これらの業務従事者についても、技能講習等に準じて、早急に教育を行う必要があります。

また、製造ライン長やその他作業者を直接指導監督する立場になった方に対して、その指導監督の方法に関することや労働災害を防止するために必要な事項について職長としての教育を実施することとします。

さらに、免許・技能講習の資格を取得して概ね5年経過した者に対しては、作業に対する慣れから、不安全な作業を行い事故を発生させることがないように、労働災害を防止するため必要な事項について安全衛生教育を実施します。講習や教育の対象者の選定は、社員、契約社員、パート・アルバイトに関係なく、業務の必要性に応じて受講させてください。また、中途採用者や継続雇用や異動で新たに配属された方に対しては、すでに作業資格や職務経験があっても、何年か、その業務から離れていたという場合もあると思われますので、再教育を行って業務に就かせてください。

講習・教育の実施に当たっては、対象者の経歴・経験を踏まえ、研修・教育の担当者とライン長が連携して、個人ごとに必要な安全衛生教育を的確に、また遅れないよう実施してください。

3　交通事故の防止

4月には、春の全国交通安全運動が行われます。当工場では、社有車を使用しての運行業務に従事する方や車やバイク、自転車で通勤している方は、あらためて交通法規の遵守を徹底してください。また、プライベートでの車の運転についても同様です。以上、よろしくお願いします。

| 現 | 場 | 所 | 長 | 朝礼挨拶 |

災害防止協議会挨拶

1　災害防止協議会の開催

　新年度、第1回の災害防止協議会を開催します。4月の異動により、私ども元請の職員にも、新規に配属された者が2名おりますので、後程、自己紹介をすることとします。また、各協力会社におかれても、新規に採用された方や異動等でこの現場の担当となった方もいるのではないかと思います。新たに現場の各部署に配置された方には、まず、業務の内容や作業要領、作業マニュアルについて、安全衛生教育を実施しますので、しっかりと教育訓練を受けてください。教育訓練を行っても、理解が不十分で、業務に習熟するのが遅れるほど、工程や品質に影響が出てきますので、しっかりと集中して教育訓練を受けて、それぞれの担当作業でスペシャリストになっていただきたいと思います。

2　現場作業者に対する資格教育の確実な実施

　また、当現場の年間安全衛生計画において、新規採用者や異動者、パート、アルバイトに対する研修・教育計画が策定されており、基本的には、この計画に従って研修・教育を実施することとしますが、新規に配属された方の経歴や職務経験は様々ですので、研修担当部門と配属先の所属長が、それぞれの方の職務経歴などをよく把握・確認して、研修、教育を実施する必要があります。

　特に、現場内でクレーンや玉掛けや建設機械の運転作業に従事させる業者の方は、技能講習等の資格なしで就業することがないよう、早急に教習機関等に申込みをして講習を受講させる必要があります。具体的に免許の必要な業務としては、つり上げ荷重5トン以上の移動式クレーン及びクライミングクレーンの運転業務、技能講習の必要な業務としては、1トン以上の移動式クレーンの運転業務、玉掛け業務、機体荷重3トン以上の建設機械の運転業務などです。また、現場内作業については、特別教育が必要な業務としては、つり上げ荷重5トン未満のクレーン、機体荷重3トン未満の建設機械の運転業務、アーク溶接業務、足場

の組立て・解体・変更の作業に係る業務などが該当しますので、これらの業務に従事する予定の作業者についても、資格の有無を確認し、無資格の場合は、早急に特別教育を受講させてください。

　また、4月の新規配置等で各協力会社の職長やその他作業者を直接指導監督する立場になった方に対して、その指導監督の方法に関することや労働災害を防止するため必要な事項について職長としての教育を実施するようお願いします。さらに、免許・技能講習の資格を取得して概ね5年経過した者に対しては、作業に対する慣れから、不安全な作業を行い事故を発生させることがないように、労働災害を防止するため必要な事項について安全衛生教育を実施します。具体的な対象としては、移動式クレーンの免許・技能講習所持者、玉掛け技能講習所持者、車両系建設機械運転技能講習所持者等です。クレーン運転や玉掛け作業、重機の運転作業については、免許・技能講習を取得して数年以上経過した運転者・作業者が、法令や作業マニュアルを守らず、危険運転や不安全な作業を行い、事故を発生させた事例が、当社の現場でも、発生していますので、もれなく、再教育を受けるようにお願いします。講習や教育の対象者の選定は、社員、契約社員、アルバイトに関係なく、業務の必要性に応じて受講させてください。

　また、中途採用者や継続雇用や異動で新たに配属された方に対しては、作業資格や職務経験があっても、何年かその業務から離れていた場合もあると思われますので、現場で実地に実技の練習を行って業務に就かせてください。講習・教育の実施については、原則としては各協力会社で行っていただきますが、元請としても、できるだけの指導・援助は行いたいと考えています。特別教育の一部については、この現場内で行うよう調整していますのであらためて、日程等連絡いたします。

3　交通事故の防止

　4月には、春の全国交通安全運動が行われます。当現場では、トラックや移動式クレーン、建設機械を使用して運行業務に従事する方やバイク、自転車で通勤している方は、あらためて交通法規遵守を徹底してください。また、プライベートでの車の運転についても同様です。以上、よろしくお願いします。

5 月
May

5月

5月の安全衛生関連行事

・世界禁煙デー（世界保健機関）
　　　　　　　　　　　　　5／31

・禁煙週間（世界保健機関）
　　　　　　　　　　　5／31〜6／6

職場のメンタルヘルス対策と受動喫煙防止対策

【新規採用者・異動者のメンタルヘルスチェック】

　5月の連休が明けて、多くの労働者が、心身ともにリフレッシュして各職場で業務に励み、工場や現場の業務も順調に進捗していることと思われます。4月に新規採用で配属された新入社員や人事異動などで各部署に新たに配属された社員の方、パート・アルバイトの方も多いと思いますが、この時季になると、入社時（異動時）の緊張感も薄れ、また、慣れない仕事で疲労とストレスがたまるなどして体調を崩す方もいます。一部で、このような体調やメンタルの不調を、5月病などという言い方で呼ぶこともあります。職場のリーダーや安全衛生の担当者は、体調不良・メンタル不調の者はいないか、社員・作業員間のコミュニケーションは良好にとれているかどうかなど、しっかりと目配り、気配り、声かけしていただきたいと思います。特に、新入社員や異動者に対して、上司や先輩社員は、早く業務を習熟させ、一人前になってもらおうとして、研修や教育において過度の詰め込み教育をし、ノルマを課すなどして過重労働、長時間労働を強いることがないよう、勤務状況をチェックする必要があります。体調不良・メンタル不調の訴えがあり、また兆候が認められた者については、時間外労働の状況や教育研修方法などを点検し、問題が認められた場合には、改善する必要があります。

　新規採用者やパートタイム労働者に対する教育・研修は、年間教育研修計画で、決められていると思いますが、各社員やパート労働者の習得状況や体調を観察しながら、過度の負担とならないように、教育・研修を実施しなければなりません。現場における、実地教育、安全衛生教育などは、繰り返し、

丁寧に教えて、全員が安全作業を習熟するように行ってください。

また、平成27年12月1日からは、50名以上の事業場に対して、医師、保健師等による心理的な負担の程度を把握するためのストレスチェック制度の実施が義務付けられています。各事業場において、すでに実施時期や実施方法等は、決められていることと思いますが、新規採用者や異動者に対しては、ストレスを受けやすいこの時期に実施するのもよいのではと思われます。ストレス検査の結果、一定の要件に該当する労働者から申出があった場合、医師による面接指導を実施することとされていますので、メンタル疾患予防に効果があると思われます。

【受動喫煙防止対策・禁煙教育】

5月31日は、「世界禁煙デー」であり、各事業場においても、あらためて受動喫煙防止対策の徹底や各労働者に対する禁煙・節煙に対する取組を推進していくことと思います。社員の健康維持増進のために、社内で禁煙推進のキャンペーンを行って喫煙者の人数を減らすなど成果をあげている会社もあるようですが、反面、経営者や管理者などに喫煙者がいる事業場では、受動喫煙防止対策があまり進んでない事業場もみられます。受動喫煙防止対策について、改正労働安全衛生法が施行され、第68条の2により、受動喫煙を防止するため事業場の実情に応じ適切な措置を講ずるよう努力義務が課されています。しかし、小規模事業場や商業、サービス業などの業種では、制約があって、喫煙室を設けることが難しい場合もあります。受動喫煙を防止するため、喫煙室を設置する方法や、喫煙室のメンテナンスをどのように行うのか、その際の受動喫煙をどう防止するのか、設置の費用負担はどうするかなど問題は多いと思われます。このようなことから、従業員に対する禁煙の啓発勧奨を進め、将来的には、事業場内全面禁煙とする方が、企業にとっても、労働者にとってもいいと言わざるをえません。

5月の安全衛生関係主要取組事項

◎メンタルヘルス対策（5月病などの防止）
◎ストレスチェックの実施（※119〜148ページに「ストレスチェック指針」掲載）
◎交通災害の防止・通勤災害の防止
◎受動喫煙防止のための喫煙室・喫煙スペースの確保と維持
◎喫煙者に対する禁煙の教育・勧奨

工場長 朝礼挨拶

安全衛生委員会における挨拶

1　職場のコミュニケーションは円滑か

　おはようございます。
　5月のゴールデンウィークも終わり、家族サービスや旅行、スポーツなどで、心身ともリフレッシュしてきた方が、多いのではないかと思いますが、なかには、遊び疲れたとか、家族サービスの方が仕事よりきつかったなどと言う方もいるようです。出席の皆様の体調はいかがでしょうか。4月に、新入社員や、転勤で配属された方、またパート・アルバイトの方で新たに入られた方などはもう各職場の仕事に慣れたでしょうか。配属された職場でコミュニケーションがとれているか、安全衛生の作業手順どおり仕事ができているか、委員会のメンバーの皆様には、目配り、気配り、声かけをしていただきたいと思います。
　特に、新入社員や新規雇入れしたパート・アルバイト、派遣社員の方には、採用後、雇入れ時の安全衛生教育を実施していますが、1カ月以上経って、入社時の緊張感が薄れ、作業に慣れてきたこの時期に、決められた作業手順を守らずに事故を起こすということが、過去の災害事例でもありますので、ご注意いただきたいと思います。また、現場内でリーダーと作業員、作業員同士の連絡調整がとれてないため事故につながることも考えられます。皆様には、品質確保と安全確保の両面から、職場内の連絡調整・コミュニケーションが十分に行われているかその点も確認をお願いします。

2　交通安全教育の実施

　また、今年前半に業務中の交通事故や通勤途中の交通事故が、数件発生しています。当工場では、社有車を使用しての運行業務は少ないと思われますが、一部で、営業車による得意先回り等の業務がありますので、これらの方は、あらためて交通法規の遵守を徹底していただきたいと思います。また、当工場では、車やバイク、自転車通勤を行っている労働者を確実に把握し、全員に対して、あらためて、交通安全教育を実施し

て、交通法規の遵守を徹底する必要があります。当工場では、一部の方は、車・バイクで、またパートの方の多くは、自転車で通勤していますが、昨年は、自転車で通勤途中に、自転車が横転して手や足を打撲するなどの通勤災害が〇件発生していますので、自転車通勤の方も、交通安全法規を遵守して通勤していただきたいと思います。また、プライベート時に、車やバイクを運転する場合も、当社の社員であることも忘れず、会社の信用を損ねることのないよう安全運転を徹底してください。

3　禁煙のすすめ・受動喫煙防止対策

　さて、年間安全衛生計画の目標で、健康増進対策の取組として、「喫煙者に対する禁煙・節煙のすすめ」に取り組むこととしています。5月31日は、「世界禁煙デー」ですので、今月最終週を、全社で「禁煙・節煙週間」とすることになっています。喫煙の有害性が高いことは、喫煙者の方も、十分にわかっていて、やめようと思っているけど、なかなかやめられないという方が多いのではないかと思います。「禁煙・節煙週間」においては、安全衛生委員会から、喫煙者に対してあらためて健康管理、健康増進の立場から禁煙・節煙のすすめについて情報提供していただきたいと思います。特に、禁煙に成功した人の経験談を掲載しているパンフレットを喫煙者の方に配付して、禁煙・節煙に取り組んでいただきたいと思います。最近は、禁煙治療も、健康保険で受けられるようになっています。健康保険が適用される要件としては、ニコチン依存症と認められ、これまでの喫煙本数（1日の平均喫煙本数×これまでの喫煙年数）が200以上であることなどが条件と聞いていますが、禁煙しようと思っている方は積極的に利用したらよいのではないかと思います。

　当工場では、現状は、喫煙を認めていますので、喫煙スペースを設け、非喫煙者に対しては受動喫煙防止対策を講じています。しかし、喫煙室付近で、昼休み時には、煙草の臭いがするなどの苦情も出ていますので、社内の喫煙スペースについては、煙の漏れがないか、換気の状況等の点検をお願いします。煙の漏れが認められる場合には、ドアの開閉方法や煙漏れ防止のカーテン等を設置するなど改善を行ってください。

　それでは、委員の皆様よろしくお願いします。

| 現 | 場 | 所 | 長 | 朝礼挨拶 |

災害防止協議会における挨拶

1　現場のコミュニケーションは円滑か

　おはようございます。出席の皆様の体調はいかがでしょうか。
　5月のゴールデンウィークも終わり、家族サービスや旅行、スポーツなどで、心身ともリフレッシュしてきた方が、多いのではないかと思いますが、なかには、遊び疲れとか、睡眠不足などで体調があまり良くない方もいるかと思います。早く生活のリズムを取り戻し、体調を整えていただきたいと思います。各社の作業員の中にも、体調不良の方がいないか、よくチェックしていただきたいと思います。体調不良で、現場作業を行った場合、集中力がなくなり、作業マニュアルを守らず不安全な作業を行ったり、重機やクレーンの運転を誤ったり、丸のこなどの工具の使用を誤って災害につながることもありますので、しっかりと確認をお願いします。
　さて、4月に、協力会社各社に、新規採用などで入社した方や転勤で配属された方、また新たに採用され入場された作業員の方は、もうこの現場の仕事に慣れたでしょうか。配属された職場でコミュニケーションがとれているか、安全衛生の作業手順どおり仕事ができているか、委員会のメンバーの皆様には、目配り、気配り、声かけをしていただきたいと思います。
　特に、4月に入社した方や新規雇入れした作業員の方には、現場新規入場時の安全衛生教育を実施しましたが、1カ月以上経って、新規入場時の緊張感が薄れ、作業に慣れてきたこの時期に、決められた作業手順を守らずに事故を起こすということが、過去の災害事例でもありますので、ご注意いただきたいと思います。
　また、現場内でリーダーと作業員、作業員同士の連絡調整がとれてないため事故につながることも考えられます。皆様には、品質確保と安全確保の両面から、職場内の連絡調整・コミュニケーションが十分に行われているかその点も確認をお願いします。

2　交通安全教育の実施

　また、今年前半に業務中の交通事故や通勤途中の交通事故が、数件発生しています。当現場では、資材や廃材の搬出入にトラックなどが出入りしていますし、移動式クレーンや建設機械等の出入りもあります。また、約10社は、各会社から現場まで、バンなどを運転して入退場しています。これら運行業務に従事する方は、あらためて交通法規の遵守を徹底していただきたいと思います。また、個別にバイクや自転車で通勤を行っている作業員の方にも、届出を出していただき、全員に対して、あらためて、交通安全教育を実施して、交通法規の遵守を徹底してください。

　昨年は、協力会社の方3人が、自動車で通勤途中に、トラックと衝突事故を起こし、むち打ちや打撲傷を負うなどの事故やバイクのスリップ横転事故も発生していますので、車両で通勤する方は、交通安全法規を遵守して、安全に通勤していただきたいと思います。

3　禁煙のすすめ

　さて、会社の年間安全衛生計画の中で、健康増進対策の取組として、「喫煙者に対する禁煙・節煙のすすめ」に取り組むこととしています。5月31日は、「世界禁煙デー」ですので、今月最終週を、現場で「禁煙・節煙週間」とすることになっています。喫煙の有害性が高いことは、喫煙者の方も、十分にわかっていて、やめようと思っているけど、なかなかやめられないという方が多いのではないかと思います。

　「禁煙・節煙週間」においては、災害防止協議会から喫煙者に対してあらためて健康管理、健康増進の立場から禁煙・節煙のすすめについて掲示板にポスターを貼るなど情報提供していただきたいと思います。特に、禁煙に成功した人の経験談を掲載しているパンフレットを喫煙者の方に配付して、禁煙・節煙に取り組んでいただきたいと思います。また、最近は禁煙治療も、健康保険で受けられるようになっていますので、禁煙しようと思っている方は積極的に利用したらよいのではないかと思います。また、現場内の喫煙スペースについては、煙の漏れがないか換気の状況等の点検をお願いします。また、現場内の喫煙所以外の場所で喫煙していることがないよう火災防止の面からも点検をお願いします。

　それでは、各社の皆様よろしくお願いします。

6月

June

6月

6月の安全衛生関連行事

- **全国安全週間準備期間**（厚生労働省、中央労働災害防止協会）
  6／1〜30
- **土砂災害防止月間**（国土交通省）
  6／1〜30
- **危険物安全週間**（消防庁）
  6月第2週（日曜日〜土曜日までの1週間）

全国安全週間を機会に、「見える化」対策を進めよう！

　毎年6月は、全国安全週間準備期間で、各事業場、現場において安全に関する行事や取組が行われます。製造や物流、建設業の生産状況・施工状況も好調に推移しているものと思われますが、首都圏の建設現場や復興工事の現場では、管理者や作業員が不足している状況が続いていて、人員確保対策が必要な状況となっています。

　このような労働環境のもと、7月第1週には、第○○回の全国安全週間を迎えます。あらためて、安全の基本に立ち返り、準備期間と週間の行事を実施したいものです。今年度の全国安全週間のスローガンは「○○○○○○○○！」とされており、それぞれの事業場で、安全に対する慣れや過信を捨てて、安全意識を一層高め、リスクを把握し除去する、労働災害の撲滅を目指すという観点から掲げられています。

　全国安全週間準備期間に実施する事項としては、毎年、同じような内容が定められています。業種に共通した事項として、次の事項が挙げられています。

　ア　安全衛生管理体制の確立と自主的な安全衛生活動の促進
　　①　安全管理者等の選任、安全衛生委員会の設置及びその活動の活性化
　　②　職業生活全般を通じた各段階での安全教育の徹底
　　③　作業者の安全意識の高揚
　　④　その他の自主的な安全衛生活動の促進
　イ　安全作業マニュアルの整備、定期的な見直し
　ウ　リスクアセスメントの普及促進等

エ　女性労働者や高齢労働者が活躍するための職場改善の推進

上記のアやイやウに関係することで、作業現場における危険性等の「見える化」について、積極的に取り組んでいただきたいと思います。「見える化」は、狭義では、現場で把握できている危険箇所・危険作業等を、わかりやすく看板やポスターなどで掲示して、注意を喚起するというものです。現場内の設備・機械・工具については、危険箇所に注意表示をもれなく表示し、また作業方法についても、不安全作業方法を図示するなど、危険性を「見える化」することで、災害を未然に防止することができます。

また、もっと広い意味で、管理者と作業員間、元請業者と下請業者間の連絡調整を密に行い、各作業者が担当する作業内容の全体の位置づけ、作業の順序やその危険性等を明確化すること、理解させることも作業の「見える化」といえます。

特に現場内に複数の請負業者や協力業者の作業員が入場している製造工場や建設現場などでは、作業員に対して、各自の作業内容の全体の位置づけや危険性を具体的に周知徹底することにより、漫然と作業を開始して、労働災害に遭遇することの危険をなくすことができるのではないかと思われます。

また、この時期に、社内や関係業者の要望等を聴取して、必要度の高い技能講習や安全衛生教育などを計画して行うことも、全国安全週間の実施事項として有意義なものと思えます。

もう1つ、これから梅雨入りして、じめじめと不快な過ごしにくい時期となります。この時期に体調を崩す方も多いようです。また、毎年、梅雨の合間、急激に気温が上昇したときなどに、熱中症が多く発生しています。熱中症は、睡眠不足や二日酔いなどで体調が悪いときに、熱中症にかかりやすいと言われています。各職場・各作業員に、日々の体調管理及び熱中症防止対策の徹底を呼び掛けていただきたいと思います。

6月の安全衛生関係主要取組事項

◎全国安全週間準備期間の実施事項の実施
◎全国安全週間標語・社内スローガン等の周知・現場パトロールの実施
◎各現場の設備・機械、化学物質のリスクアセスメントの実施
◎各職場・ラインにおけるKY活動・ヒヤリハット報告の実施
◎熱中症予防対策の周知

|工|場|長| 朝礼挨拶

安全大会挨拶「全国安全週間を迎えて」

1 全国安全週間の実施

　本日は、平成○○年度の○○工場安全大会に当たり挨拶申し上げます。

　まず、工場の皆様方には、日ごろから、会社の安全管理担当や現場の指揮者として、それぞれの立場で、業務を進めつつ、併せて労働災害防止について取組いただいておりますことを御礼申し上げます。

　また、工場の安全大会に当たり、安全管理・災害防止に貢献された個人及び職場、協力会社の方々の安全表彰も行われますが、表彰を受けられる個人及び職場の方々、また、関係事業者の責任者におかれましては、日ごろから熱心に安全衛生活動に取り組まれた成果として、今日の表彰を受けられることとなったもので、あらためて敬意を表したいと思います。

　さて、工場の操業は順調ですが、作業者の高齢化や若い人材の不足など、厳しい状況が続いている中で、今年も7月第1週に全国安全週間を迎えますが、今月はその準備期間です。今年の全国安全週間のスローガンは「○○○○○○○、○○○○○○○○○○○○○○○○！」となっています。このスローガンは、一人ひとりが、機械設備の安全基準や作業手順を遵守し、安全のルールを守るという安全の基本に立ち返ることを趣旨としています。

　また、当工場（現場）の今年度の安全標語は、「一人ひとりがリスク・チェック 『見える化』で、0災職場」となっています。この標語は、管理者やリーダーだけでなく全員が、職場の安全状況をチェックし、機械・設備の危険な状況、不安全な作業を見つけたら、これらの箇所を「見える化」して、災害0の職場をつくるという趣旨です。「見える化」の手法は、把握した危険箇所・危険作業等を、わかりやすく看板や標識などで掲示して、注意を喚起するというものです。

　また、作業方法についても、不安全作業方法や安全作業方法を同時に図示するなど、危険性を「見える化」することができます。

全員でリスクアセスメントを実施し、機械・設備の危険な状況を見つけたら、標識を設けるなど「見える化」対策を講じていただきたいと思います。

　全国安全週間準備期間中には、工場の幹部と安全衛生委員会のメンバーによるパトロールを実施します。パトロール前には、現場を整理整頓し、危険な状況、不安全作業がないよう徹底をお願いします。各ライン、各職場においても、現場の巡視やKYミーティングなどを行う予定と思いますが、その際には、これらの安全標語や実施要綱に従った取組をお願いします。

　現場の状況は、日々変化しますので、前日まで、大丈夫だった場所や機械・設備が、今日は、不安全な状態になっている可能性もあります。各現場において、日々、リスクの把握に努め、もれなくリスクを把握し「見える化」して改善していきましょう。

2　梅雨時の体調管理

　もう1つ、これから梅雨入りしてじめじめと不快な過ごしにくい時季となります。台風や集中豪雨などの可能性もありますので、予報が出ましたら、業務や通勤で支障がないよう迅速に対応したいと思いますので、ご協力をお願いします。

　また、梅雨の合間、急激に気温が上昇したときなどに、熱中症が多く発生しています。熱中症予防のパンフレットなどは、安全衛生委員会から配付しますので、あらためて確認をお願いします。特に、熱中症は、睡眠不足や二日酔いなどで体調が悪いときに、かかりやすいと言われています。どうか、各自、日々の体調管理をしっかりと行っていただきたいと思います。さらに、これから夏季にかけて食当たりなども多く出ますので、大事な業務の前には、暴飲・暴食はしない、生ものは食べないなど、食事についてもしっかりと自己管理していただきたいと思います。

　全国安全週間の時期に体調が悪くて、注意力散漫となって、事故を発生させたりすることのないようお願いします。

　日々の体調管理と安全の確保は、車の両輪ですから、一体として、全員参加で取組を行っていただきたいと思います。

　以上、よろしくお願いします。

| 現場所長 | 朝礼挨拶 |

安全大会挨拶「全国安全週間を迎えて」

1　安全大会の実施

　本日は、平成○○年度の○○工事現場安全大会に当たり、ご挨拶申し上げます。まず、皆様方には、日ごろから、現場の作業指揮者や各協力会社の責任者として、それぞれの立場で、工程に従い、作業を進めつつ、併せて、現場の安全衛生管理や労働災害防止について取り組んでいただいておりますことを御礼申し上げます。

　また、全国安全週間に当たり、現場の安全表彰も行われますが、表彰を受けられる各協力会社および個人の方におかれましては、日ごろから熱心に安全衛生活動に取り組まれた成果として今日の表彰を受けられることとなったもので、あらためて敬意を表したいと思います。特に、安全パトロールに参加し、各作業員に厳しく安全指導を行い現場の安全管理水準の向上に貢献された優良職長の皆様には、日ごろからの稼働に対して、あらためて敬意を表し、また感謝申し上げます。

　さて、建設業界も長期的に、熟練作業者の不足が続いており、また、資材の高騰などもあり、工事の施工については、どの現場でも、厳しい状況が続いている中で、今年も全国安全週間準備期間を迎えました。今年の安全週間のスローガンは「○○○○○○○、○○○○○○○○○○！」となっています。このスローガンは、一人ひとりが、現場を巡視し、機械設備の安全基準や作業手順を遵守し、安全のルールを守るという安全の基本に立ち返ることを趣旨としています。

　また、当現場の今年度の安全標語は、「一人ひとりが現場をチェック『見える化』で、０災現場」となっています。この標語は、管理者やリーダーだけでなく作業員全員が、現場の安全状況をチェックし、機械・設備の危険な状況、不安全な作業を見つけたら、これらの箇所の危険性や不安全状態を「見える化」して、災害０の職場をつくるという趣旨です。

　具体的な「見える化」の手法は、把握した危険箇所・危険作業等を、わかりやすく看板や標識などで掲示して、注意を喚起するというものです。

また、作業方法についても、不安全作業方法や安全作業方法を同時に図示するなど、危険性を「見える化」することができます。
　皆様も、日ごろから、現場の巡視を行い、また作業指揮を行う際には、これらの安全標語や実施事項に従って、災害を発生させない取組をお願いします。現場の状況は、日々変化しますので、前日まで、大丈夫だった現場が、今日は、不安全な状態になっている可能性もあります。各現場において、日々、リスクの把握に努め、もれなくリスクを把握し改善していきましょう。

2　梅雨時の体調管理

　もう1つ、これから梅雨入りしてじめじめと不快な過ごしにくい時季となります。この時季に体調を崩す方も多いようです。
　また、毎年、梅雨の合間、急激に気温が上昇したときなどに、熱中症が多く発生しています。熱中症予防のパンフレットなどは、災害防止協議会で全社に配付しますので、あらためて確認をお願いします。作業開始前には、必ず、スポーツドリンクなどを飲むようにお願いします。ドリンクは、水やお茶より、カリウムなどのミネラルが入っているスポーツドリンクの方が、水やお茶よりも効果があると言われています。発症してから、飲んでも遅いので、のどの渇きを覚える前に飲むようにしてください。熱中症は、睡眠不足や二日酔いなどで体調が悪いときに、かかりやすいと言われています。どうか、各自、日々の体調管理をしっかりと行っていただきたいと思います。
　さらに、これから夏季にかけて食当たりなども多く出ますので、大事な業務の前には、暴飲・暴食はしないなど、飲酒や食事についてもしっかりと自己管理していただきたいと思います。
　全国安全週間の時期に体調が悪くて、注意力散漫となって、事故を発生させたりすることのないようお願いします。
　日々の体調管理と安全の確保は、車の両輪ですから、一体として、全員参加で取組を行っていただきたいと思います。
　以上、よろしくお願いします。

7月

July

7月

> **7月の安全衛生関連行事**
> ・**国民安全の日**（総務省）
> 　　　　　　　　　　　　　7／1
> ・**全国安全週間**（厚生労働省、中央労働災害防止協会）
> 　　　　　　　　　　　　　7／1〜7

夏季における安全と健康の確保

【全国安全週間の実施】

　7月第1週、今年、第○○回の全国安全週間を迎えました。あらためて、安全の基本に立ち返り、週間の取組事項を実施したいものです。

　全国安全週間の取組事項については、各事業場、工場、現場において、6月の準備期間中に、順次実施し、週間中に、安全大会や幹部による安全パトロールを実施する事業場も多いかと思われます。安全大会や安全パトロールの実施に当たっては、経営幹部が参加して、自ら、安全衛生の基本方針を表明し、また現場のパトロール等を実施して、現場の改善指導を率先して行うことが、現場作業員の安全意識を高めるために重要なことだと思います。

【夏季の豪雨・暴風による労働災害の防止】

　夏季は、台風や竜巻、前線や線状積乱雲等による大雨、集中豪雨など悪天候に起因する労働災害防止について、十分な備えをしなければなりません。特に、屋外の作業については、突風や竜巻や局地的なゲリラ豪雨などの急な天候変化についての予報を迅速・的確に把握し、また、自社の工場や現場の立地条件や周囲の環境などを確認して、早めの作業中止や退避等の決断を行う必要があります。

　過去に、都内の下水道のマンホール内で作業していた作業員5名が、局地的な豪雨による急激な増水のため流され水死した災害や、また、秋田県内の土砂崩れによる道路の復旧工事の現場において、再度の法面崩壊により、5

人が土砂に埋まり死亡した災害も発生しています。これらの災害事例を忘れずに警鐘として、河川や下水道の増水や、法面の崩壊のおそれのある場合には、早めに作業中止、退避等の判断をする必要があります。その際、現場管理者がそれらの危険性を察知できるか否か、また、察知しても作業の中止や退避の指示が必要と判断できるか否かが、これらの災害の未然防止にかかっていると言えます。

作業の中止・退避の判断は現場責任者に委ねられており、現場責任者はその重責を負っていることを肝に銘じて的確に対応していただきたいと思います。

【猛暑時の熱中症対策・ヒューマン・エラーの防止】

工場や現場の管理者の方は、これから続く猛暑時における熱中症などの労働災害発生を防止するため、現場において部下や関係作業員の方の、作業状況や顔色など体調を観察し、配慮する必要があります。特に、製造や建設の現場を中心に屋外で働く方の体調管理については、万全を期して対策を講じる必要がありますが、発症しても迅速に対応し軽症に留めることも徹底していただきたいと思います。

また、夏バテや睡眠不足により、注意力散漫となり、ヒューマン・エラーによる災害を発生させないよう、普段以上に、作業マニュアルを徹底して守ること、集中力を継続することが大事です。

災害の発生原因として大きなウェイトを占めているヒューマン・エラーが、誘発されるのは、現場の状況や作業方法をよく理解していない場合や心身の不調・不安定により集中力・注意力の低下している場合等が挙げられますが、夏季は、特に、暑さのため睡眠不足や蓄積疲労により集中力が低下するおそれが高まります。今一度、気を引き締めて、体調管理と安全管理を一体で災害防止の取組をしていただきたいものです。

7月の安全衛生関係主要取組事項

◎全国安全週間の実施事項の周知と実施
◎社内（現場）安全標語の周知・安全週間パトロールの実施
◎「見える化」による災害防止対策推進
◎熱中症等夏季の労働災害防止対策の周知徹底
◎夏季の節電対策と停電による災害の防止

工場長　朝礼挨拶

夏季の労働災害防止

1　全国安全週間の実施

　本日は、平成〇〇年度の全国安全週間に当たりご挨拶申し上げます。
　まず、工場の皆様方には、日ごろから、会社の安全管理担当や現場の指揮者として、それぞれの立場で、業務を進めつつ、併せて労働災害防止について取り組んでいただいておりますことを御礼申し上げます。また、安全週間に当たり、工場の安全表彰も行われますが、表彰を受けられる職場および個人の方、また関係事業者の方におかれては、日ごろから熱心に安全衛生活動に取り組まれた成果として今日の表彰を受けられることとなったもので、あらためて敬意を表したいと思います。
　全国安全週間の標語および実施事項や内容については、すでに準備期間中に、お知らせしたとおりで、実施されていると思いますが、本日、この後に、実施するパトロールの実施結果についても、各職場に通知しますので、指摘事項等ありましたら、ただちに改善し、報告していただきたいと思います。また、改善に当たっては、危険箇所、不安全作業等の「見える化」の対策を講じるようにお願いします。

2　夏季の体調管理と労働災害の防止

　次に、夏季の労働災害防止についてお話します。7月に入り、夏日が続いています。これから、9月中旬ごろまで、暑い日が続きます。気象庁の発表している7月の天気予報を見ますと、特に、平均気温が高いとの予報は出ていませんが、台風や集中豪雨などの予想もあり油断はできません。特に、屋外の作業については、突風やゲリラ豪雨などの急な天候変化の場合に、早めの作業中止や退避等の決断を行う必要がありますので、工場の皆様の協力をお願いします。特に、強風や豪雨の後は、工場内に設置している設備や機械などの点検を確実に行ってください。
　また、この時期になりますと、毎年、現場における熱中症のニュースが、報道されます。当社の現場でも、昨年、熱中症を発症し、救急車で病院に運ばれたケースが1件発生しています。幸い点滴を受けて、3日

程度の休業で回復しましたが、病院に運ぶのが遅れた場合は、重篤な事態になったと報告されています。このほか、各地の現場で、軽い熱中症として、作業を中止したり、自分で病院に行ったケースなど数件の事例が報告されています。熱中症の防止については、安全衛生委員会や災害防止協議会で、パンフレットをお渡しするなどして、防止対策については、皆さんも十分に承知していることと思いますが、日々の体調管理を、一人ひとりが、しっかり行うことが大切ですので、各自、よろしくお願いします。

　そして、暑さが続くと、夏バテや睡眠不足で、集中力が低下し、注意力が散漫となる方が出てきます。このような状態で現場作業を行っていると、不安全な行動をしたり、逆に、当然守らなければならないことを怠ったりして、災害につながることがあります。疲労や睡眠不足による集中力の低下が、いわゆるヒューマン・エラーを招き、労働災害発生にいたるというものです。あらためて、作業マニュアルを守ること、見込み運転、見込み操作はしないことを徹底していただきたいと思います。例えば昨年起きた災害ですが、立入禁止の表示がしてある区画を、近道なので横切ろうとして、段差に躓いて転倒し、ひざを骨折するという災害がありましたが、このとき、本人は、睡眠不足で、注意力散漫となり、立入禁止の表示が見えず、まっすぐ進もうとして、段差に躓いたという事例がありました。このように体調が悪いと、集中力が低下し、注意力散漫となって、災害につながることが多いものです。

　また、過労運転で、大きな衝突・追突事故を発生させたケースが多く報道されています。夏休みを利用して、車で帰省したり旅行に行く方も多くいると思いますが、車の運転には、十分に気をつけていただきたいと思います。仕事のときは、KY活動を行って、慎重に作業をされる方が、プライベートで車を運転すると、スピード超過や見込み運転等で交通事故を起こすケースも過去にありました。また、睡眠不足で、居眠り運転し衝突事故を起こしたケースもよく聞きます。仕事やプライベートに関係なく、ハンドルを握ったら、わが社の看板を背負っているとの自覚を持って安全運転を徹底してください。

　以上、よろしくお願いします。

| 現 | 場 | 所 | 長 | 朝礼挨拶 |

夏季の労働災害防止

1　暴風・集中豪雨時の対応・熱中症の防止

　おはようございます。じめじめした梅雨が明け、これから、9月中旬ごろまで、暑い日が続きます。最近は、気象庁の予報でも、真夏日や猛暑日という発表がされています。最高気温が、30℃を超えると真夏日、35℃を超えると猛暑日と定義されていますが、真夏日や猛暑日の記録更新などならないでほしいものです。気象庁の発表している7月、8月の季節予報を見ますと、特に、平均気温が高いとの予報は出ていませんが、台風や集中豪雨などの予報もあり油断はできません。特に、私ども建設業の現場は屋外であり、常に天候に左右されます。

　特に、この時季は、午前中は晴れていても、午後から、突然、突風やゲリラ的な集中豪雨などの急な天候変化もあります。そのような場合に、早めに作業を中止し、クレーンや足場が倒壊することのないよう、またネットや資材が飛ばされることのないよう、事前に養生をする必要があります。また、風雨集中の程度によっては、退避等の決断を行う必要がありますので、現場の皆様の協力をお願いします。そして、強風や豪雨の後は、足場や仮設通路、クレーン、工事用エレベータなどの点検を確実に行ってください。天候とは、別ですが地震の場合も、事後の点検を行ってください。

　また、この時季になりますと、毎年、現場における熱中症のニュースが、報道されます。当社の現場でも、昨年、熱中症を発症し、救急車で病院に運ばれたケースが1件発生しています。幸い点滴を受けて、3日程度の休業で回復しましたが、病院に運ぶのが遅れた場合は、重篤な事態になったと報告されています。このほか、各地の現場で、軽い熱中症として、作業を中止したり、自分で病院に行ったケースなど数件の事例が報告されています。熱中症の防止については、安全衛生委員会や災害防止協議会で、パンフレットをお渡しするなどして、防止対策については、皆さんも十分に承知していることと思いますが、日々の体調管理を、

一人ひとりが、しっかり行うことが大切ですので、各自、よろしくお願いします。

2　夏季の体調管理と労働災害の防止

　そして、夏のこの時季になると、暑さで、夏バテあるいは睡眠不足となり、集中力が低下したり、注意力が散漫となる方が出てきます。このような状態で現場作業を行っているときに、不安全な行動をしたり、逆に、当然守らなければならないことを怠ったりして、災害につながることがあります。疲労や睡眠不足による集中力の低下が、いわゆるヒューマン・エラーを招き、労働災害発生にいたるというものです。あらためて、作業マニュアルを守ること、見込み運転、見込み操作はしないことを徹底していただきたいと思います。

　例えば、昨年起きた災害ですが、立入禁止の表示がしてある区画を、近道なので横切ろうとして、段差に躓いて転倒し、ひざを骨折するという災害がありましたが、このとき、本人は、睡眠不足で、注意力散漫となり、立入禁止の表示が見えず、まっすぐ進もうとして、段差に躓いたということでした。このように体調が悪いと、集中力が低下し、注意力散漫となって、災害につながることが多いものです。

　また、過労運転で、大きな衝突・追突事故を発生させたケースが多く報道されています。この現場の関係者の中にも、トラックや営業車両を運転している方がいるかと思いますが、運転者の方は労働時間や運転時間の基準を遵守して過労運転とならないようにしてください。

　また、運転者以外の方もお盆休みや夏季の休暇を利用して、帰省したり、旅行に行く方も多くいると思いますが、車の運転には、十分に気をつけていただきたいと思います。仕事のときは、危険予知活動を行って、慎重に作業をされる方が、プライベートで車を運転すると、スピード違反や見込み運転等で交通事故を起こすケースも過去にありました。

　また、睡眠不足で、居眠り運転し衝突事故を起こしたケースもよく聞きます。仕事やプライベートに関係なく、ハンドルを握ったら、わが社のこの現場の看板を背負っているとの自覚を持って安全運転を徹底してください。

　以上、よろしくお願いします。

8月

August

8月の安全衛生関連行事

- 食品衛生月間（厚生労働省）
  8／1〜31
- 電気使用安全月間（経済産業省）
  8／1〜31
- 防災週間（国土交通省）
  8／30〜9／5
- 上期建築物防災週間（国土交通省）
  8／30〜9／5

危険有害業務従事者に対する安全衛生教育の実施！

　8月に入っても、またまだ猛暑の日が続いています。建設業・製造業・物流業・運送業など屋外の空調のない現場で働く方は、またまだ厳しい暑さの中での作業が続きますが、体調管理をしっかりと行って、残暑を乗り切っていただきたいと思います。

　労働安全衛生法では、数種類の安全衛生教育の実施が義務付けられています。このうち、労働者を雇い入れた時に実施する雇入れ時教育（労働安全衛生法第59条第1項）は、実施内容に差はあってもほとんどの事業場で実施されていると思いますし、危険有害業務に従事する場合に実施することが義務付けられている特別教育（労働安全衛生法第59条第3項、労働安全衛生規則第36条で規定される約50業務）は、就労するために必要な資格として認識され、実施率も高いと思われます。例えば5トン未満のクレーンは、工場や建設現場に多数設置されていますが、これを運転するために必要な作業資格として認知され、実施率も高い状況となっています。このほか、最大荷重1トン未満のフォークリフトの運転の業務、最大荷重1トン未満のショベルローダー又はフォークローダーの運転の業務、機体重量が3トン未満の建設機械等の運転業務に必要な作業資格として、実施されています。

　これに対し労働安全衛生法第60条の2に定められている危険有害業務従事者に対する安全衛生教育は、クレーンやボイラー、車両系建設機械、

フォークリフト等の免許や技能講習の修了証を所持して業務に従事する者に対する5年を目安とする再教育として、実施が努力義務として課せられていますが、必ずしも実施率が高くない状況があります。クレーン関係でも、移動式クレーンの運転士に対する安全衛生教育は、かなり高い比率で実施されていますが、クレーン運転士や玉掛け作業従事者に対する安全衛生教育の実施率は、低い状況にあります。その理由しては、移動式クレーン運転士の教育については、大手ゼネコンを中心に実施の必要性についてかなり強く指導が行われているのに対し、他の資格については実施すべきことが周知されていないことや努力義務であることから必ずしも実施しなくてよいという認識の事業場が多い等の理由により、実施率がそれほど高くないということを聞きます。

　自動車運転免許は、5年ごとに免許証の更新を行わなければならず、その際に、交通事故防止の講習を受講しますが、それと比べると、労働安全衛生法の免許は、取得後の更新制度がないなど、資格取得後のフォローが弱いのではないかという気がします。同条では、技能講習や特別教育にも同列に努力義務を課していますが、一定以上の能力を有するクレーンやボイラーの運転等の業務について免許制としていながら、取得後の再教育は技能講習や特別教育と同じ扱い（努力義務）でよいということですから、これでは、免許制であることの重要性が軽んぜられているという感がします。

　事業場の安全担当者としては、安全衛生教育の実施対象者が多くなると、必ずしも対応できない面もあるかと思いますので、年間（複数年）の計画を立て、免許取得者を優先して、技能講習、特別教育修了者の順に、順次実施していけばよいのではないかと思います。いずれにしても、同条が義務付けをしている対象業務は、危険度が高く、災害発生率も高い業務の資格者を対象としていますので、努力義務とはいえ、確実に再教育を実施することが災害防止のため必要・必須のことと思えます。

8月の安全衛生関係主要取組事項

◎熱中症の防止等夏季の健康管理・体調管理
◎免許・技能講習等の資格取得
◎計画的な安全衛生教育の実施
◎台風、竜巻、集中豪雨による労働災害の防止

| 工 | 場 | 長 | 朝礼挨拶 |

安全衛生委員会における挨拶

1　計画的な安全衛生教育の実施

　おはようございます。お盆を過ぎましたが、厳しい残暑が続いています。エアコンのない現場で作業を行っている方には、本当に頭が下がる思いです。あと1カ月ほど、体調管理に努め、この夏を乗り切っていただきたいと思います。

　さて、8月後半から9月にかけて、当工場（現場）においては、年間安全衛生計画にしたがって安全衛生教育を順次実施していく予定となっています。今年の年間計画では、免許や技能講習修了者を対象に、5年ごとの再教育を実施することとしています。

　実は、昨年末に、クレーンの作業中に、つり荷が落下し、玉掛け作業者に当たり、足のすねを負傷するという災害が発生しました。このときのクレーンの運転者は免許を、玉掛け作業者は技能講習修了証を持っていましたが、それぞれ、5年ごとに行わなければならない安全衛生教育（再教育）を実施していないことがわかりました。それぞれ資格を取得して10年以上作業を行っているので、作業に習熟し安全に作業を行っていると思っていましたが、逆に作業に慣れて、不安全な方法で作業を行っていたことがわかりました。

　そこで、他の資格者についても再教育の実施状況を確認しましたところ、ボイラー取扱業務従事者やフォークリフトの運転業務従事者に対する再教育は、一部の人は数年前に実施していましたが、ほとんどの人は実施状況が不明または未実施ということで、安全衛生委員会で、法定どおり実施することが決議され、今年の年間計画において、各作業資格者の取得年月日や再教育の実施状況を確認のうえ、5年を経過している方は、全員受講していただくことになりました。

　これら免許等の資格を要する作業に限らず、その他の機械操作や点検作業等でも、ベテランの作業員の方が、決められた作業方法を守らず、不安全な作業を行うことが往々にしてあります。受講者の方は、安全衛

生教育を受けることで、新たな知識や技術を身に付けるとともに、災害を絶対に起こさないという決意を新たにしていただきたいと思います。

2　適確なリスクアセスメントの実施

　もう一点、今日の議事においても、第一工場のリスクアセスメントの指摘と改善が検討されますが、前月、実施したリスクアセスメントの結果について、リスクの重篤度や発生可能性の評価等について、いくつか意見を申し上げます。例えば、資材倉庫にトラックで資材を搬入し、天井クレーンで荷下しする作業について、荷台の資材の上に上がって玉掛けする作業については、リスクの重篤度の評価は、重大という評価で異議はありませんが、発生可能性について、ほとんどないという評価で、改善の優先度は、Ⅰ～ⅢのうちⅡ（速やかに低減措置を講ずる必要がある）とされていました。私は、資材の上に上がっての作業は、安定が悪くバランスを崩しやすいので、発生可能性については、Ⅲ（ただちに解決すべき重大なリスクがある）と評価しました。本来、玉掛け作業は、作業者自身が身体を安定させて、つり荷の下に入らないように行うべきですから、資材の上に上がっての玉掛け作業は、行うべきではありませんし、どうしても行う必要がある場合は、できうる限りの防止措置を講じて行う必要があると思います。リスクの評価などについて、意見が分かれる場合があれば、できるだけ優先度を高く評価すべきと思います。

　もう1つ、私が、○○ライン○○機械について、巡回中に、通行者が回転部分に挟まれるおそれのある状態となっているのを見つけました。ライン長からは、今月の委員会で改善方法を検討して、それから改善する予定だったと説明がありましたが、私は、それでは遅いのではないかと思います。私が、ライン長だったころは、リスクアセスメントの手法はありませんでしたが、危険箇所はできる限りただちに改善するということで対応していました。これを後回しにしているときに、事故が発生しては後悔先に立たずです。

　リスクアセスメントの手法は、対象となる工場の機械設備を、組織的に満遍なくチェックして危険性を探し改善することですが、明らかな危険箇所はただちに補修改善する必要があることをこの場で改めて念押しいたします。

|現|場|所|長| 朝礼挨拶

災害防止協議会における挨拶

1　作業者に対する安全衛生教育の実施

　おはようございます。お盆を過ぎましたが、厳しい残暑が続いています。現場管理者や各社の作業員の方は、毎日、熱い中、それぞれの持ち場で、担当作業を進めていただきありがとうございます。幸いなことに、今夏は、当現場で、熱中症を発症し病院に運ばれた方は出ていませんが、あと1カ月ほど、体調管理に努め、この夏を乗り切っていただきたいと思います。

　さて、9月に入りますと、当現場においては、計画に従って、安全衛生教育を順次実施していく予定となっています。今年の年間計画では、免許や技能講習修了者を対象に、5年ごとの再教育を実施することとしています。

　実は、昨年末に、クレーンの作業中に、つり荷が落下し、玉掛け作業者に当たり、足のすねを負傷するという災害が発生しました。このときのクレーンの運転者は免許を、玉掛け作業者は技能講習修了証を持っていましたが、それぞれ、5年ごとに行わなければならない安全衛生教育（再教育）を実施していないことがわかりました。それぞれ資格を取得して10年以上作業を行っているので、慎重に安全第一で作業を行っていると思っていましたが、逆に作業に慣れて、不適正な方法で玉掛けを行い、運転者も漫然と玉掛けの状況を確認をせずに荷をつり上げ、つり荷を落下させるという不安全な方法で作業を行っていたことがわかりました。

　他の資格者についても再教育の実施状況を確認しましたところ、移動式クレーンの免許所有者や車両系建設機械の技能講習修了者に対する再教育は、一部の人は数年内に実施していましたが、ほとんどの人は実施状況が不明または未実施ということでした。そこで、安全衛生委員会で、法定どおり実施することが決議され、今年の年間計画において、各作業資格者の取得年月日や再教育の実施状況を確認のうえ、5年を経過

している方は、全員受講していただくことになりました。

　これら免許等の資格を要する作業に限らず、その他の機械操作や点検作業等でも、ベテランの作業員の方が、決められた作業方法を守らず、不安全な作業を行うことが往々にしてあります。受講者の方は、安全衛生教育を受けることで、新たな知識や技術を身に付けるとともに、災害を絶対に起こさないという決意を新たにしていただきたいと思います。

2　的確なKY・リスクアセスメントの実施

　もう一点、今日の協議会の議事においても、現場のリスクアセスメントとKYの指摘と改善が検討されますが、私は、リスクアセスメントの前にやるべきことがあると言いたい。私が現場巡回中に、1階部分の北側の足場について、手すりの一部が外れている箇所がありました。もし、この外れた箇所から、転落しても、高さ数10センチですから、たいしたことはないということで、そのままにしておいたのかもしれませんが、これが2階以上の足場だったらどうしますか。手すりを元に戻さなければ、もし墜落したら大きな事故になってしまいます。足場の手すりは、外したらもとに戻さなくてはならないことは、だれでもわかっているはずですから、その場所に関わらず、もとどおりにしなければなりません。この手すりを外した作業の職長には、注意し、すでに、もとどおりになっていますが、このような危険箇所や不安全な状態はほかにもあるかもしれません。

　最近は、KYやリスクアセスメントなどの方法で、全員が参加して、現場のリスクを把握し、リスクをなくすということを行っていますが、建設現場は、仮設設備や機械の状況は、日々変わっていきます。日々、新たな危険箇所も発生します。それらの危険箇所、危険状態は、できる限り、ただちに改善してください。ただちに、改善できるものは、危険性が少なくても、リスクアセスメントの評価で常にⅢ（ただちに改善する）として構いません。改善を後回しにしているときに、事故が発生しては後悔先に立たずです。リスクアセスメントの手法は、対象となる機械や設備を満遍なくチェックして危険性を探し改善することですが、明らかな危険箇所はただちに補修改善する必要があることをこの場で改めて念押しいたします。

9月

September

9月

9月の安全衛生関連行事
- 全国労働衛生週間準備期間（厚生労働省、中央労働災害防止協会）　9／1～30
- 防災の日（国土交通省）　9／1
- 自殺予防週間（厚生労働省）　9／10～16
- 秋の全国交通安全運動（総務省、警察庁など）　9／21～30
- クレーンの日（日本クレーン協会、ボイラ・クレーン協会）　9／30

あらためて健康と安全の確保に取り組もう！

【全国労働衛生週間準備期間・健康診断強化月間】

　9月は、全国労働衛生週間の準備期間、そして10月第1週に、全国労働衛生週間を迎えます。労働者の健康を巡る状況は、厚生労働省から発表される脳心臓疾患や精神障害の労災支給決定件数をみると、この数年高止まりの状況となっています。また、職場の人間関係などを原因の1つとして健康障害を発生する者の比率も増加するなど、職場におけるメンタルヘルス対策や過重労働による健康障害防止対策が重要な課題となっています。このような状況を踏まえ、平成26年6月に公布された改正労働安全衛生法により、すでに平成27年7月1日から、①職場における受動喫煙防止対策の実施が義務付けられていますし、平成27年12月1日からは、②ストレスチェック制度の創設によるメンタルヘルス対策の取組、平成28年6月からは③表示義務の対象となる化学物質の範囲の拡大と一定の危険・有害な化学物質に対するリスクアセスメントの実施による化学物質管理に取り組まなければならないこととなっています。

　これらの事項については、安全衛生担当部署だけでなく、経営幹部が率先して指揮監督し、人事労務部署、産業保健スタッフ、健保組合、（安全）衛生委員会も、一体的に連携・協力し、取組を行っていかなければならない重要な課題であると思います。

　また、9月は、「職場の健康診断実施強化月間」として、健康診断の確実

な実施と事後措置を徹底するよう提唱されています。これについては、所見が認められた労働者に対し、今年度の健康診断においては、所見なしとなるよう、健診実施前の1カ月間を「健康診断有所見改善強化月間」（仮称）として、各個人に適した継続的な運動や食生活の改善等に取り組むよう、呼びかけをすることなども、労働者の健康増進および企業全体の有所見率の引き下げに向けて効果的な取組であると思われます。

【クレーン災害の防止】

建設業や製造業の現場では、周知されていると思われますが、日本クレーン協会などでは、毎年9月30日を「クレーンの日」として、年度ごとの安全スローガンを掲げて、クレーン関係の災害防止の取組を行うよう提唱しています。クレーン関係の災害発生状況は、長期的には減少傾向で、平成26年のクレーン等による死傷者数は1877人で前年と比べ11人の減少、また、死亡者数は52人で前年に比べ4人の減少となっていますが、依然として多くの作業者がクレーン等により被災し、尊い命が失われています。上記の件数に、休業4日未満の災害や不休災害、クレーン作業に関連した災害などを含めると、さらに多い件数・発生率となります。

クレーン等による労働災害防止を図るためには、いくつかの重点事項があります。①クレーン等の関係業務には、免許や技能講習及び特別教育等の資格者を従事させること、②クレーン等の定期自主検査及び点検・整備を確実に実施し、クレーンを常に良好な状態に保持すること、③適正な作業計画を立て、作業者に対して適正な作業方法等（マニュアル）を周知すること、④作業者自身も、クレーン等の運転及び玉掛け作業を基本に戻って作業マニュアル・ルールを守ること、⑤資格者に対して再教育を実施すること、などです。

特に、クレーンを設置する事業場や建設業の元方事業者などが、より積極的に再教育を実施する必要があると痛感するものです。

9月の安全衛生関係主要取組事項

◎全国労働衛生週間準備期間の取組事項の実施
◎職場の健康診断実施強化月間（健康診断の完全実施）に向けての取組
◎健康診断有所見低減のための保健指導・栄養指導等の取組
◎クレーン関係災害の防止
◎秋の交通安全週間・交通事故防止の取組

| 工場長 | 朝礼挨拶 |

あらためて健康管理に取り組もう！

1　労働衛生週間準備期間の取組

　おはようございます。9月に入りようやく暑さも和らいできた感がします。今月は、全国労働衛生週間準備期間ですが、この機会に、あらためて職場の作業環境や労働衛生管理の状況について、点検し改善をしたいと思います。

　当工場では、有機溶剤やその他の化学物質など、量は多くありませんが、使用している現場もありますので、あらためてこの機会に使用状況や管理状態を確認していただきたいと思います。有機溶剤や特定化学物質を使用する作業場は、その表示をして、作業主任者も選任し、また、有機溶剤や特定化学物質等が洩れないよう、局所排気装置やその他の換気装置を取り付けるなど、法定の措置を講じているはずですが、準備期間中に、関連の機械設備の点検を実施し、局所排気装置や全体換気装置が能力どおり吸引しているか、漏えいしている箇所がないか、作業は、基準どおりに行っているかなど、しっかりと点検してください。点検の実施に当たっては、リスクアセスメントの手法を用いて、危険性の程度や発生可能性を評価し、改善の優先度を決めていただきます。ただちに、改善が必要と評価されたものは、早急に改善措置を講じていただきたいと思います。日ごろから、工場の皆様は、災害を発生させないように安全面の点検については、しっかり取り組んでいて感心していますが、有害物質の管理や作業管理等労働衛生面については、安全面のことほど、意識が高くないといった傾向もありますので、9月から全国労働衛生週間にかけて、労働衛生や健康管理のことに十分に配慮し、取り組んでいただきたいと思います。

2　健康診断所見改善の取組

　もう1つ、今月末から来月半ばまでに、社内の定期健康診断が実施されます。メタボ気味の方や毎年何かの数値が引っかかっている方は、今から、健康診断に備え体調管理をお願いします。中には、健康診断はあ

りのままの状態で受けた方がいいと言って、前の日も、いつも以上に酒を飲んで受けられる方もいらっしゃいますが、それは絶対やめてください。できれば、普段あまり運動しない方でも、健康診断の前１～２週間は、ジョギングやその他の運動をし、酒量や食事を適当にするなど、有所見項目がないよう努力をしていただきたいと思います。そうして、健診を受けた結果、検査の数値もよくなれば、よけいな２次検査も受けなくていいし、また、体調も良くなるということで、うまくいけば一石三鳥くらいの効果が上がるかもしれません。
　実は私自身も、40歳を過ぎたころ、おなかが出て、体も重く、階段を数段上っただけで息が切れるなど、今でいうメタボ状態になっていました。そこで一念発起して、軽いジョギングから体力づくりを始めました。初めは、近くの公園のジョギングコースを１周するだけで、息が上がり苦しくなっていましたが、週２回の運動を２カ月ほど続けていると、内臓にへばりついていた脂肪が取れてきたようで、急に走れるようになってきました。そして、１回の距離も５キロから10キロ近くまで走れるようになりました。そのころになると、体重も５キロほど減って、足腰の筋肉もついて、階段の昇降も平気になりました。私の場合は、走るということから始めましたが、運動は、走ることだけでなく、球技でも登山でもハイキングでもなんでも自分の好きな運動を自分のスタイルで行えばよいと思います。どんな運動を、どれくらいやるかというのは個人差がありますが、自分の体力に合わせて無理なく、継続して行うことが最も大切だと思います。それによって日ごろの体調も大幅にアップするものと思います。また、同じ40代のころ、咳がなかなかとまらないことがあり、このとき、医師の勧めもあり、禁煙をしました。それまで20年間、喫煙していましたので、禁煙して１年間は、時々、吸いたいと思うことがありましたが、今は、吸いたいと思うこともなく、風邪をひくことも少なくなりました。そして、体調がアップすると、仕事への集中力が増します。現場においても、体調がよく、集中力があれば、安全を確保できると常々言っていますように、体調管理と安全の確保は一体ですので、そのつもりで、体調を維持して、日々の業務に励みましょう。

|現|場|所|長| 朝礼挨拶

あらためて健康管理に取り組もう！

1　現場における労働衛生・健康管理

　おはようございます。9月に入りようやく暑さも和らいできた感がします。そして、10月第1週は全国労働衛生週間を迎えますが、この機会に、あらためて現場の作業環境や労働衛生管理の状況について、点検し改善をしていきたいと思います。

　当現場においても、有機溶剤を含む塗料等の塗装業務やアーク溶接の業務、粉じんが発散する業務などいわゆる有害業務が、工程の途中に何箇所かあります。当現場では、有機溶剤を使用する作業については、その表示をして、作業主任者も選任し、また、有機溶剤塗装作業等を屋内で行う場合は換気装置を設け、また、作業者には防毒マスクを着用するよう義務付けています。また、粉じん作業やアーク溶接作業についても、屋内の場合は、排気を行い、防じんマスクを着用するなど、法定の措置を講じているはずですが、この機会に、関連の機械設備の点検を実施し、排気装置が能力どおり吸引しているか、漏えいしている箇所がないか、作業は、基準どおりに行っているかなど、しっかりと点検していただきたいと思います。不適切な作業場所や作業状況が認められた場合は、早急に対策を講じていただきたいと思います。

　日ごろから、現場の皆様は、災害を発生させないように安全面の点検については、しっかり取り組んでいて感心していますが、労働衛生面のことについては、安全面のことほど、意識が高くないといった傾向もありますので、9月から全国労働衛生週間にかけて、労働衛生や健康管理のことに十分に配慮し、取り組んでいただきたいと思います。

　健康管理のことですが、各社とも、10月以降、定期健康診断やその他の検診を行うと聞いています。健康診断は年1回の行事として受診し、その結果、所見により、医師から何らかの指示事項等があれば、それに従い取り組んでいくということになりますが、もう一歩進めて、健康診断を機会に、目標を設定し、ジョギングやその他の運動をするなど

メタボ解消・体力増強に向けて取組をすれば、健康診断の所見の比率も大幅に下がることになると思います。職場の環境改善と健康増進に、全員参加で取り組んでいただきたいと思います。

2　クレーン災害の防止

　もう1つ、毎年9月30日は、「クレーンの日」となっており、その前後には、クレーン関係の災害防止の取組を行うよう提唱されています。クレーン関係の災害発生状況は、長期的には減少傾向ですが、平成25年のクレーン等による死傷者数は1828人で前年と比べ45人の増加、また、死亡者数は56人で前年に比べ5人の増加となっており、依然として多くの作業者が被災し、尊い命が失われています。上記の件数に、休業4日未満の災害や不休災害、クレーン作業に関連した災害などを含めると、さらに件数・発生率は高くなります。

　当現場においては、敷地の南側にタワークレーンを1台設置し、鉄骨やその他の資材の搬入、組立に使用しています。また、資材や廃材等の搬出入作業に当たっては、積載型トラッククレーンを使用して荷の揚げ下ろしを行っています。これらのクレーン、移動式クレーンの運転者については、それぞれ免許や技能講習の資格を確認しています。また、これらのクレーンを使用して行う玉掛け作業者について技能講習の資格を確認していますので、資格のない者が作業を行うことはありません。

　しかし、先月のことですが、当社の他の現場で、トラッククレーンから単管パイプを下ろす作業中に、つっていたパイプ10本のうち3本を落下させるという事故が発生しています。幸い、単管は作業者に当たらず、人身災害にはなりませんでしたが、単管パイプのつり上げ方法がマニュアルどおりでなく、クレーンの運転にも問題があったと報告されています。作業者がルールを守らない背景には、作業に慣れ、マンネリ化し、危険性を感じなくなっていることが考えられます。

　当現場においては、このような災害を発生させないよう、クレーンの運転資格者及び玉掛け技能講習修了者に対して、順次、再教育を実施していくこととしていますので、必ず、受講し、クレーン作業の危険性や正しい作業方法を再確認してください。

　以上、よろしくお願いします。

10月

October

10月

10月の安全衛生関連行事

- **全国労働衛生週間**（厚生労働省、中央労働災害防止協会）
  10／1～7
- **体力つくり強調月間**（文部科学省）
  10／1～31

安全衛生委員会・災防協議会の活発化

【安全衛生委員会の活発化】

　秋も深まり、屋外の現場では、暑くもなく、寒くもない、効率よく作業を進めることができる時季となりました。また、今月第1週は、各事業場において労働衛生週間の行事に取り組まれることと思います。

　さて、各事業場・各現場において業務が、繁忙になると、月1回実施される安全衛生委員会の欠席が多くなったり、内容が形式的になったり、審議がおろそかになるということがあります。安全衛生委員会の議事を活発化し効果的なものとするためには、委員会の事務局（担当者）で、開催の準備段階から相当な工夫が必要となります。安全衛生委員会において調査審議すべき事項は、労働安全衛生法第17条、18条に規定されています。特に重要と思われる事項は次のとおりです。

❶労働者の危険防止及び健康障害防止の基本的な対策に関すること。
❷労働災害の原因及び再発防止対策に関することで安全衛生に係るもの。
❸危険性または有害性等の調査及びその結果に基づき講ずる措置に関すること。
❹健康診断の結果に対する対策の樹立に関すること。
❺労働者の健康の保持増進を図るため必要な措置の実施計画の作成に関すること。

　事務局においては、上記審議事項から、毎月の安全衛生関係行事などを考慮して、月ごとに、議事次第をあらかじめ各委員に通達し、事前に意見や資料等を提出してもらうなど議事活発化のための工夫を行うことが必要です。

また、各委員は、その職責を自覚して、事前に議事内容を十分に検討し、発表内容を準備しておくことが大切です。

【建設現場災防協議会の活発化】

建設工事は、元請業者の統括管理のもとに、協力会社の作業員が多数、現場に入場して工事を進めています。元請業者は、請負業者の作業が混在的に行われることから生じる労働災害を防止するため、協議組織を設置し、作業間の連絡調整を行うよう義務付けられています。多くの現場では、この連絡調整の打合せを「災害防止協議会」といった名称で、毎月開催していると思いますが、この協議会の活発化についてお話しします。

建設現場の安全管理の難しさは、工事の各工程において、協力業者の作業員が多数、時系列的に入退場し、作業が混在的に錯綜して行われるところにあります。元請業者からの指示連絡が各業者に十分に伝わらず、また各業者間の連絡調整が不十分なために、重大な災害に至った事例は数多くあります。建設現場における業者間の連絡調整を密にするためには、災防協議会を活発に行うことが重要かつ必須のことです。その協議会の議事を活発で実効あるものにするためには、次の３つの取組が重要だと思います。

❶協力業者は、工程とともに入れ替わりがあるので、新規に入る事業者は、もれなく参加させる。また、責任者が出席できない場合でも、他の者が出席するなどして全社出席できるように配慮する。

❷元請業者からの一方的な指示とならないように、職長会からの指示や連絡を行わせ、また、出席者の発言・提案を求めるなど、積極的に意見交換できるようにする。

❸災害事例やヒヤリ・ハット事例等の情報を提供し、常に作業員の安全意識を喚起する。

以上のほか、各現場の工事の進捗状況や出席者の顔ぶれにより、形式化・マンネリ化しないように運営することが、さらなる活発化につながることと思います。

10月の安全衛生関係主要取組事項

◎全国労働衛生週間実施事項の取組
◎労働衛生関係免許・作業主任者・特別教育の確認と養成
◎健康診断の実施と健康診断結果に基づく事後措置の実施

|工|場|長| 朝礼挨拶

安全衛生委員会の活発化！

1　全国労働衛生週間―労働者の健康増進に向けて―

　10月に入り、業務も大変忙しいなか、委員会に出席いただきご苦労さまです。本日の委員会では、10月の異動等により、新たに委員に選任された方2名も、初めて出席していますので、今後の活動をよろしくお願いします。

　さて、本日の議事については、事務局のほうからあらかじめ配布されていますが、10月第1週は全国労働衛生週間ですので、あらためて、社員の健康管理と健康増進対策について、審議したいと思います。

　昨年度に実施しました健康診断の結果が出ていますが、当工場において、健康診断結果において何らかの所見がある方の比率は58％と出ています。これは、労働局で発表されている数字と比較しても、かなり高い数字であります。当工場の平均年齢が高いということとも関連しますが、それだけではなく、この工場としての理由もあるかもしれません。たぶん20年ほど前までは、工場においてもスポーツ活動が盛んで、野球やサッカーなどでも、この地域の大会に参加して、よい成績を収めていましたし、多くの方が、マラソンやジョギングや登山や釣りなどの催しに参加していたと思います。しかし、最近は、そのようなスポーツの大会や催しも少なくなって、一部の方を除いては、社員が、一緒になって、スポーツ活動を行うことが少なくなった感があります。これには、施設や時間がなくなったということもありますが、自分で何か継続して何かのスポーツを行っている人もあまりいないようです。健康診断の結果、血圧が高い方、体脂肪率が高い方、メタボ気味の方など、自分に所見があることはわかっていても、積極的に改善するため何か取り組んでいる方は少ないように見受けられます。どうぞ、今日の委員会において、工場全体で、健康増進の活動が活発となるよう提案をお願いします。

2　安全衛生員会活動の活発化

　委員会における審議事項のうち、リスクアセスメントの実施に関する

ことで、1つ申し上げます。リスクアセスメントは、毎月、計画的に、組織的に、実施範囲を決めて実施し、安全衛生委員会の議事の中で、リスクの重篤度や発生可能性を評価し、改善対策の優先度を決定するという手法で実施しています。把握したすべてのリスクに対応できないという面があるので、そのような手法をとっていますが、危険の状況によっては、委員会を待たずに、ただちに改善しなければならない場合もあります。前回は、第一工場及び関連設備のリスクアセスメントを実施しましたが、リスクとして取り上げられた事項の中に、「処理施設の、マンホールのふたが腐食した状態になっている」ことが挙げられていました。このリスクについて、リスクアセスメントの評価としては、重篤度は「重大」、発生可能性は「高い」、優先度は「ただちに解決すべき」となり、翌日までには、鉄板を敷いて応急措置をし、その後、専用ふたを取り寄せ設置し、改善されたと報告されています。

　この件について、私は、マンホールのふたを踏むとふたが壊れてマンホール内に転落するような重大な危険性が認められる場合は、所属部署と連絡を取り、ただちに応急の鉄板を敷いて墜落防止の措置を講じる必要があったと思います。今回、このケースでは、委員会で、リスク評価を決めて、対応を行う予定でしたが、私は、このような危険性はただちに改善する必要があると思います。もしも、委員会での評価を待っている間に、この箇所で墜落災害など発生したら、悔やんでも悔やみきれないことになると思います。皆様も、迷った場合は、ただちに改善する方向で対応していただきたいと思います。リスクアセスメントの手法は、対象となる工場の機械設備を、計画的に、もれなくチェックして危険性を把握し、評価し、改善することですが、明らかな危険箇所はただちに補修改善する必要があることをこの場であらためて念押しいたします。少し、厳しいことを言いましたが、安全衛生委員会は、各委員の活動を通じて、工場全体の安全衛生活動を活発にし、工場内の機械・設備の危険性をなくし、社員・作業員全員の安全衛生に対する意識を高め、工場全体の安全衛生管理のレベルアップを図り、そして、その結果として、製品の品質確保・生産性の向上にもつながるものと考えます。

　委員の皆様が、積極的に活動に取り組むことを大いに期待するものです。

| 現 | 場 | 所 | 長 | 朝礼挨拶 |

災防協議会の活発化

1　脚立からの転落災害防止

　おはようございます。メンバーの皆様には、お忙しいところを、災防協議会にご出席いただきありがとうございます。10月に入って、ようやく涼しくすごしやすくなり、現場作業にとっては、もっとも快適に、能率よく作業を進めることができる時季となりました。

　当現場は、現在、工事進捗率○○％で、一部の工程で若干の遅れはあるものの、ほぼ順調に、工程は進んでいます。工事の初期には、天候の影響で、工程に若干の遅れがありましたが、現在までにほぼ回復して順調に進んでいるということで、各社のご協力と頑張りにあらためて感謝申し上げます。また、当現場は、工事開始以来、本日まで、無災害を継続しています。これは、日ごろからの皆様が現場の災害防止活動に熱心に取り組んでいただいている成果であると思います。

　ということで、全てよしと言いたいところですが、皆様には、いくつか注意喚起をしておきたいことがあります。この現場においては、高所からの墜落災害の防止、重機やクレーン災害の防止については、重点目標として、防止対策も確実に、徹底して行われています。しかし、先月、当社の○○市内の現場において、脚立からの転落災害が発生しています。これは、屋内の天井部分の配線固定等の作業のため、脚立３段目にまたがって作業していたところ、体のバランスを崩して転倒し、右手・右足を打撲骨折したというものです。当現場においては、天井の配線・配管等の作業は、「のびうま」を使って作業を行うようにしており、脚立の作業は最少限にするようにしていますが、作業場所によっては脚立で行わざるを得ない場合もあるかと思います。脚立作業を行う場合には、作業箇所に応じて、脚立を作業しやすい適正な位置に配置し、また、作業姿勢も不安定にならないよう、上がる前に確認して作業をするように、各社とも作業員の方に徹底してください。脚立の高さは、せいぜい１メートルほどで、落ちても飛び降りれば、そんなに大きな怪我はしな

いように思えますが、脚立から転落するときは、たいてい、足を取られて、頭部や体幹部から転落することが多いので、頭部や脊椎を強打するなどして死亡や重症の障害事故となるケースも出ていますので、十分な注意をお願いします。

そのほか、労働局からは、転倒災害防止のキャンペーンが行われていますので、当現場においても作業場所や階段・通路などの段差で躓いて転倒することのないよう、注意表示をするなど転倒防止に注意してください。

2　災防協議会の活発化

もう1つ、今日は、災防協議会のあり方について、少しお願いがあります。

災防協議会は、私ども建設業の元方と協力会社の皆様方が、月1回集まり、安全衛生関係全般にわたって、連絡・協議・調整を行い、労働災害・健康障害を防止するために開催しているものです。ですから、協力会社全社の責任者に出席していただくことが理想ですが、どうしても、出席できない会社には、議事の内容について、後日、コピー等を配付しますので、必ず、議事の内容を確認してください。

また、協議は、出席者が全員で協議し調整するというのが理想ですが、どうしても、元請である私どもからの指示が多くて、協力会社の皆様方の意見が出しにくいところがあるのではないかと感じています。もっと時間をとって余裕を持って、皆様と話しをしなければいけないのではないか、時間に追われて説明や連絡が一方的になっているのではないかと心配をしています。ですから、今日の協議会でも、私どもから一通りの連絡が終わりましたら、皆様には、質問なり、意見をどんどん出していただきたいと思っています。こんな質問や意見は、みんなわかっているだろうからやめておくということではなく、意外と、ほかの方も、同じことを確認したかったということもありますので、遠慮なく、質問や意見を出してください。

この災防協議会が、今まで以上に活発で有意義になるようお互いに意見を出し合って現場の安全レベルを上げて、無災害を達成したいと思っていますので、よろしくお願いします。

11月

November

11月

> **11月の安全衛生関連行事**
> ・**特定自主検査強調月間**（建設荷役車両安全技術協会）
>   11／1〜30
> ・**過労死等防止啓発月間**（厚生労働省）
>   11／1〜30
> ・**秋の全国火災予防運動**（消防庁）
>   11／9〜15

労働時間管理と安全衛生管理を一体で！

　11月は、労働基準行政においては、労働時間関係のキャンペーン等の取組が一斉に行われます。月間を通じて、労働時間適正化のキャンペーンを行い、過重労働による健康障害防止やサービス残業の排除を呼びかけます。全国の労働局に労働時間に関する相談ダイヤルを設け一斉電話相談なども行われます。また、ワーク・ライフ・バランス推進の取組も行われます。

　労働行政においては、労働時間に関する業務と労働安全衛生・健康管理に関する業務は、それぞれ別の部署で行っていますが、民間企業においては、規模の大きな事業所は別として、多くの事業所では、同一部署で担当しています。よく言えば、人事・労務・安全衛生・健康管理を一体で行っていると言えますし、悪い例では、人事労務で手一杯で安全衛生や健康管理の業務は手が回らないという事業所もあると思います。

　しかし、働く人の立場からすると、労働時間も安全衛生のことも、自分の労働条件、労働環境であり、労働の内容そのものであって切り離しできるものではありません。また、労働時間が長くなるほど、安全面や健康面で問題が発生するなど相関関係があると言えます。

　具体的に言えば、連日の長時間労働（時間外労働）のため、注意力散漫となり、車両や機械・設備の操作を誤って災害となったケースは、過去に幾多の事例があります。自動車運転者の場合は、長時間の過労運転事故により、自分の命を失うばかりか、他人の生命を奪ったケースも多く出ています。

また、長時間労働による健康障害の発症（過労死等）も問題となっています。厚生労働省が、毎年発表している脳・心臓疾患の労災認定の状況を見ますと、1カ月100時間または3カ月を平均して80時間を超える時間外労働を行って、脳疾患や心臓疾患を発症し労災として認定された事例のうち、職種で目立つのは、運転業務従事者です。また、業種にかかわらず、管理的業務従事者についても多く発生しています。管理者の場合、労働基準法の時間外労働の制限の対象外ということで、また職務に対する責任感から、ついつい長時間労働になるのではないかと思われますが、管理者の方には、できる限り、決まった時間の中で仕事を成し遂げることを心掛けていただきたいと思います。

　また、1カ月100時間または3カ月を平均して80時間を超える時間外労働を行って、精神疾患（うつ病等）を発症して労災認定された事例も多くありますが、長時間労働間が原因で、労災申請し認定されるケースは、むしろ氷山の一角で、長時間労働による過労等で体調を悪くして通院するなど健康に影響を及ぼしているケースはもっと多くあると思われます。

　このように、労働時間と安全衛生は密接に関係しており、その取組は一体として取り組まなければならないと言えますが、行政の取組は、必ずしも一体ではありません。

　労働災害防止計画の実践に当たっては、総労働時間を1割減少させれば、労働災害も1割減少させることができるという計算も成り立つのですが、実際上は、そんなに単純なことではないと言えます。労働安全衛生マネジメントシステムの導入、リスクアセスメントの実施等の対策と併せ、長時間労働（過重労働）の排除を図っていくことが、直接、間接に効果的な対策となると考えるものです。

11月の安全衛生関係主要取組事項

◎労働時間の適正管理・恒常的な時間外労働の抑制
◎過重労働（長時間労働）による健康障害の防止
◎ワーク・ライフ・バランスの推進
◎年次有給休暇の取得促進
◎メンタルヘルス対策の取組
◎職場におけるパワハラ・セクハラの防止（相談体制の整備）

|工場長| 朝礼挨拶

労働時間の適正化！過重労働の防止！

1　労働時間と労働災害

　おはようございます。朝礼ではいつも災害防止の話をしていますが、本日は、労働時間の話をさせいただきます。労働時間と災害防止は、別の分野のことのようですが、皆様が働くことについての基本的なことであり、分母と分子の関係にあると言えます。分数の分母に当たるのが労働時間で、分子に当たるのが災害や疾病の発生件数ということになります。皆様の所定労働時間は、1日8時間、週に40時間です。これを、1年でカウントすると、1年間の平均出勤日数が約250日ですから、年間で1人2000時間になります。さらに、1人当たり平均すると1日当たり約1時間の残業がありますので、その残業時間も加えると、1人当たりの年間労働時間は2250時間になります。そして、現在工場の人員は、444人ですから、全員の年間労働時間の合計は、約100万時間という大きな数字になります。この工場で年間、100万時間という途轍もなく長い時間が生産その他の業務に費やされているということは何だか感慨深いものがあります。

　一方で、労働災害は、今年は10月末までに、1件の休業災害が発生していますが、このまま、12月まで1件で収まれば、1年100万時間当たり、1件の災害発生ということになります。これは、いい成績のように思えますが、実は、業種ごとの災害発生率（度数率）が、厚生労働省の資料で発表されていて、製造業全体の平均が100万時間あたり0.98件となっています。ということは、ちょうど製造業の平均とほぼ同じ発生率となっています。ですから、当現場では、これ以上災害を発生させないように、皆様でしっかり現場のチェックを行っていきたいと思います。

2　労働時間の適正管理

　労働時間に関して、厚生労働省が、毎年発表している脳・心臓疾患の労災認定の状況を見ますと、業種・職種で最も多いのは、運送業の運転

業務従事者です。当工場でも運送部門がありますし、協力会社で運送会社もありますので、あらためて、運転業務従事者の労働時間の状況を点検していただきたいと思います。次に多い職種は、営業職や商品販売従事者ですが、なるほど営業の方は大変だなという気がします。営業業務の方は社外に出ることが多く、労働時間の把握が難しく、また、適正に管理できずに長時間労働になることが多いからです。その次に業種にかかわらず、管理的業務従事者で多く発生しています。管理者の場合、労働基準法の時間外労働の制限の対象外ということで、また職務に対する責任感から、ついつい長時間労働になったり休日出勤となったり、仕事を持ち帰ったりすることもあるのではないかと思われますが、管理者の方には、できる限り、決まった時間の中で仕事を成し遂げることを心掛けていただきたいと思います。

3　ワーク・ライフ・バランスの推進

　もう1つ、労働時間に関する話をします。当社も会社全体でワーク・ライフ・バランスすなわち仕事と生活の調和のとれた働き方に取り組み始めました。私も含め同年代の人は、若いころは、相当無茶な残業や夜勤など経験していますので、最初に、ワーク・ライフ・バランスの話を聞いたとき、正直抵抗もあったのですが、その趣旨や他社の事例などを学ぶと、やはり、これは、世の中の流れであり、働くことや生活に対する考え方・価値観の変化に対応して、取り組まなければならないことだと感じています。生産も年間を通じてみると秋から冬にかけて繁忙になりますが、それに合わせて、きめ細やかに労働時間の管理をしなければならないと感じています。皆様の側からすれば、繁閑に応じた働き方、自分の生活との調和がとれた働き方をするということになります。忙しいときは、頑張って残業をしていただくこともありますが、そうでないときは、定時に退社して、それぞれ自分のこと、育児、介護、趣味や勉強に励んでいただくということです。それらが視野を広げ、次の活力やアイデアを生んで、業務が活性化し、また、工場の生産性もあがるということになると思います。

　以上、労働時間のことにも配慮しながら、また安全衛生管理も着実に行って無災害を継続していきたいと思います。皆様で頑張りましょう。

|現|場|所|長| 朝礼挨拶

労働時間の適正化！過重労働の防止！

1　労働時間の適正な管理

　おはようございます。朝礼ではいつも災害防止の話をしていますが、11月は労働時間適正化・時間外労働の抑制の月間だと聞いておりますので、本日は、労働時間の話をさせていただきます。

　労働時間と安全衛生は、別の分野のことのようですが、皆様が働くことについての基本的なことであり、それぞれ大いに関連していると言えます。

　例えば、長時間の時間外労働や深夜労働を行った場合には、体調を崩したり、注意力が散漫となり、集中力を欠いて、不安全な行動をしたり、危険な状況に気が付かず、災害を発生させてしまうということは、往々にしてあると思われます。

　また、逆に日ごろから安全衛生管理が十分に行われてなく、労働災害やその他のトラブルが発生しますと、その処理のために長々と時間外労働を行わなければならない場合もあります。

　また、大きな災害が発生すると、その原因調査や対策を講ずるために、本来の工事の進捗とは別の事で、余分な労働時間を費やさなければならないことになります。日ごろから、どちらも、適正に管理して、業務を順調に進めて、問題が起こらないようにする必要があると言えます。

2　長時間労働・過重労働の防止

　労働時間に関して、厚生労働省が、毎年発表している脳・心臓疾患の労災認定の状況を見ますと、業種・職種で最も多いのは、運送業の運転業務従事者です。当現場でも協力会社で運送関係の会社もありますので、あらためて、運転業務従事者の労働時間の状況を点検していただきたいと思います。

　また、業種にかかわらず、管理的業務従事者で多く発生しています。管理的業務従事者とは、必ずしも管理職ということではなく、この現場でも、私どもの元請の管理者も該当しますし、また各協力会社の責任者

や現場管理者の方も該当するものと思われます。

　管理監督者の場合、労働基準法の時間外労働の制限の対象外ということで、また職務に対する責任感から、ついつい長時間労働になったり休日出勤となったり、仕事を持ち帰ったりすることもあるのではないかと思われますが、建設業においても、このような働き方は、一昔前は良しとされていた働き方かもしれませんが、今は、そんな時代ではありません。管理者・責任者の立場にある方は、できる限り、決まった時間の中で仕事を終える、必要な場合は、決められている時間外労働の上限時間の範囲で業務を行うよう心掛けていただきたいと思います。

3　労働時間管理と安全管理を一体で！

　当現場では、昨年10月に工事着工以来、本日まで約○○○日休業災害無災害を継続しています。延労働時間にすると約○○万時間無災害を継続しています。

　例えば、60万時間を1人で生きれば約68年間かかりますが、われわれは60万時間という時間を、互いに共有しながら、この工事の完成に向けて、それぞれ担当する工程や業務を進めてきています。それらの時間帯に1件の休業災害も発生していないということは、あらためて素晴らしいことだと思います。

　働く人の立場からすると、労働時間も安全衛生のことも、自分の労働条件であり、労働の内容そのものであり切り離しできるものではありません。また、労働時間が長くなるほど、安全面や健康面で問題が発生してくるということも言えます。具体的には、連日の長時間労働（時間外労働）のため、注意力散漫となり、車両や機械・設備の操作を誤って災害となったケースは枚挙に暇がありません。長時間の過労運転事故により、自分の命を失うばかりか、他人の生命を奪ったケースも多く出ています。

　このようなことのないよう、労働時間のことにも配慮しながら、また安全衛生管理も行うべきことを確実に行って、守るべきことは守って無災害を継続していきたいと思います。

　以上、よろしくお願いします。

12月

December

12月

12月の安全衛生関連行事
- 建設業年末年始労働災害防止強調期間（建設業労働災害防止協会）
  12／1〜1／15
- 年末年始無災害運動（中央労働災害防止協会）
  12／15〜1／15

年末年始の災害防止と非定常作業における安全確保！

【年末年始の労働災害防止】

　今年も、あとわずか、年末年始無災害運動の時期を迎えました。年末年始無災害運動は、年末年始を無事故で過ごし、明るい新年を迎えることができるようにという趣旨で、昭和46年から厚生労働省の後援のもと中央労働災害防止協会が主唱して各災害防止団体などで取組を行っています。統計的には、年末年始の災害発生状況は、労働災害動向調査における月別死亡災害の発生状況をみると、年末年始の死亡災害発生率はやや高いといえますが、格段に多いというわけでもありません。毎年、年末年始無災害運動に取り組んでいるので、この程度で留まっているという見方もできます。ところで、年末年始において労働災害が発生する原因を考察すると、次のようなことが主な原因として挙げられます。①食品製造業等の季節的商品を製造する製造業、運送業、商業、サービス業などにおいて、季節的に繁忙となり、通常の作業手順等が守られず、また、安全確認を確実に行わないまま作業を行い災害が発生する。②製造業などで年末にかけて、機械設備の点検・整備を実施する等通常行わない（非定常）作業を実施するに当たり、不安全な状態で作業を実施し災害が発生する。③建設業などでは、年末年始休みに備え、工程を急いだり、一時的に、人員や資材の不足が生じた状況で安全の確認を怠り、作業を行って災害が発生する。④商業・サービス業等では、商品の棚卸やバックヤードにおける作業が錯綜する等して災害が発生する。⑤季節的に、降雪、凍結が始まり、雪下ろし中の災害や凍結路面での転倒による災害が発

生する。

　以上のような原因が考えられ、これらの災害を防止するためには、繁忙時であっても、安全確保について手抜きをせず、安全確保を確実に行ったうえで、作業を行っていく必要があります。また、繁忙時を想定した、人員体制を整備することも必要です。冬季の降雪、凍結等による災害防止については、各事業所において、転倒事故の防止、雪下ろし作業の災害防止について、あらためて注意喚起することが必要です。

【非定常作業における災害防止】

　また、上記②の非定常作業における災害を防止するために、どのような取組をすればよいかについて、あらためて、考えてみたいと思います。非定常作業については、どの程度まで定常（通常）でない作業のことをいうのか特段の定義はありませんが、製造業などにおいて機械・設備等の点検・清掃作業や機器の洗浄、改修作業等は、非定常作業に該当すると言えます。また、物流・サービス業などにおいても、臨時的に行われる機械・設備等の清掃・補修作業等が該当すると思われます。建設現場の場合は、現場の状況は、工事の進捗に伴い、日々変わっていきますので、製造業のように同じラインで同じ作業というのはほとんどありませんが、職種ごとに見れば、作業場所は移動しても、行う作業内容は同じです。したがって、日々行う作業以外の工程の変わり目やその他の不測の事態等で、通常と違う作業を余儀なくされる場合などが、非定常作業に当たると言えます。非定常作業において、必要な安全措置が講じられずに、多くの重大な災害が発生している状況があります。

　これらの非定常作業を行うに当たっては、作業開始前に、危険予知やリスクアセスメントを実施し、危険性、有害性をしっかりと把握して、その防止のための安全措置を、万全に講じた上で、作業を行う必要があります。

12月の安全衛生関係主要取組事項

◎年末年始無災害運動の実施
◎年末年始大掃除・点検・補修作業における災害防止
◎機械・設備の補修等非定常作業における労働災害防止
◎労働災害発生状況の取りまとめ
◎新年の安全衛生計画の策定・安全衛生目標の策定
◎インフルエンザ、ノロウィルス感染の防止

|工|場|長| 朝礼挨拶

安全衛生委員会における挨拶

1　年間災害発生状況の取りまとめ

　おはようございます。年末を迎え、仕事納めまで、あと3週間を残すところとなりました。今日の朝礼では、今年を振り返っての締めくくり的な話と、年末年始の災害防止についてお話したいと思います。

　当工場の今年1年の労働災害の発生状況は、休業災害は○件で昨年の件数より3割以上減少させることができました。

　しかし、不休災害は、○○件発生し、昨年を2割以上上回る状況となっています。年始に掲げた「休業災害0、不休災害3割減」の目標を達成することはできませんでした。

　また、KYやヒヤリ・ハット活動におけるヒヤリ・ハットの事例やKYの報告件数も増加しています。ヒヤリ・ハット、KYの件数については、積極的な活動によって、より多くの危険を把握したということで、評価できる面もありますが、災害発生につながらなかった危険状態・不安全作業が多数あったとも思われます。

　このように、労働災害防止の目標達成はできなかった1年でしたが、終わりよければ全てよしと言いますから、最後の3週を、よい業績で締めくくれば、よい感触を持って新年を迎えることができると思います。

2　年末年始無災害運動の実施

　そのためには、15日から実施する年末年始無災害運動の実施事項を確実に行い、無災害を実現することが大前提となります。とりわけ年末は、業務量が大幅に増え、また急を要する仕事や現場の大掃除、機械設備の点検など、普段行わない非定常的な業務を行う必要があることから、災害を防止するために通常時以上に念を入れて注意を喚起し災害防止の取組を行う必要があります。

　繁忙時であっても、安全確保について手抜きをせず、安全確保を確実に行ったうえで、作業を行っていく必要があります。

　また、非定常作業の作業手順等を特に定めていない場合は、非定常作

業における安全を確保するための作業基準を定め、対象労働者に周知、遵守させることが必要です。

　また、繁忙時を想定した、人員を確保することも必要ですし、関係業者やパート労働者が新たに工場内に入る場合には、作業手順等を周知し遵守させてください。

3　年末年始の交通事故の防止・体調管理

　このほか、工場・現場の災害防止だけでなく、業務で、社用車・営業車を使用する場合には、あらためて交通法規を遵守して運転してください。渋滞して、時間に遅れそうだからといって危険運転をしたり、スピード違反をすることのないよう徹底してください。車両やバイク、自転車で通勤している方も同様に、普段以上に注意して安全運転、安全運行を心がける必要があります。

　さらに、プライベートの運転でも、飲酒や酒気帯び運転は絶対ノーです。当社・当工場の社員は、常に、どんなときも、交通法規を遵守することをあらためて、宣言してください。

　無災害運動の取組に当たっては、特に、管理者やライン長は、随時、現場を巡視して、不安全な機械設備や作業を把握した場合は、ただちに改善させてください。また、各現場においては、グループごとに、リスクアセスメントやKY活動を実施して、全員一丸で期間中の無災害を達成するようにしたいと思います。

　また、健康管理面でも、寒くなるとともに、屋外の作業が、厳しくなりますし、インフルエンザやノロウィルスなども流行る時季となります。各自、手洗いやうがいを励行するなどして予防に努めてください。また、年末恒例で、職場に限らず、友人や所属するクラブ活動や団体の忘年会など、１人で何度も忘年会に参加される方もいるかと思いますが、どんな集まりでも、当社の社員として、自負を忘れず、節度を保って対応していただきたいと思います。

　以上、細かなプライベートの事まで、お話ししましたが、くれぐれも、各自しっかり自己管理して、年末年始にアクシデントなく、元気に乗りきっていただきたいと思います。

| 現 | 場 | 所 | 長 | 朝礼挨拶

災害防止協議会における挨拶

1　年間の労働災害・ヒヤリ・ハットの取りまとめ

　おはようございます。年末を迎え、仕事納めまで、あと3週間を残すところとなりました。今日の朝礼では、今年を振り返っての締めくくり的な話と、年末年始の災害防止についてお話したいと思います。

　当現場の今年1年の労働災害の発生状況は、休業災害は、転倒災害で10日程度休業という災害が1件発生して、無災害の目標は達成できませんでしたが、現場の規模や作業員数と比較して、最少の件数に留めることができたと思います。しかし、不休災害は、○○件発生し、他の現場と比較して多い状況となっています。年始に掲げた「休業災害・不休災害0」の目標を達成することはできませんでした。

　また、KYやヒヤリ・ハット活動におけるKYの報告件数やヒヤリ・ハットの事例も増加しています。KYやヒヤリ・ハットの件数については、積極的な活動によって、より多くの危険を把握したということで、評価できる面もありますが、災害発生につながらなかった危険状態・不安全作業が多数あったと逆の評価もできます。

　このように、労働災害防止の目標達成はできなかった1年でしたが、終わりよければ全てよしと言いますから、最後の3週を、よい業績で締めくくれば、よい感触を持って新年を迎えることができると思います。

2　建設業年末年始無災害運動の実施

　そのためには、1日から実施する建設業年末年始労働災害防止強調期間の実施事項を確実に行い、無災害を実現することが大前提となります。とりわけ年末は、遅れた箇所の工程を調整するため作業量が増え、また急を要する作業や現場の大掃除、機械設備の点検など、普段行わない非定常的な業務を行う必要があることから、災害を防止するために通常時以上に念を入れて注意を喚起し災害防止の取組を行う必要があります。

　繁忙時であっても、安全確保について手抜きをせず、安全確保を確実に行ったうえで、作業を行っていく必要があります。

また、年末年始だけの非定常的な作業で、作業手順等を特に定めていない場合は、安全な作業方法を決定し、対象労働者に周知し、遵守させることが必要です。

　また、繁忙時を想定した人員を確保することも必要ですし、新たに関係業者の作業員が、現場内に入る場合には、作業手順等を周知し遵守させてください。建設業年末年始労働災害防止強調期間の取組に当たっては、特に現場責任者や職長は、随時、作業現場を巡視して、機械設備の危険な状態や不安全な作業を把握した場合は、ただちに改善させてください。また、各現場においては、作業グループごとにKY活動やヒヤリ・ハット報告を実施して全員一丸で無災害を達成するようにお願いします。

3　年末年始の交通事故の防止・体調管理

　このほか、現場の災害防止だけでなく、業務や通勤で、車を使用する場合には、あらためて交通法規を遵守して運転してください。渋滞して、時間に遅れそうだからといって危険運転をしたり、スピード違反をすることのないよう徹底してください。バイクや自転車で通勤している方も同様に、普段以上に注意して安全運行を心がける必要があります。

　さらに、プライベート時の運転でも、飲酒や酒気帯び運転は絶対ノーです。当社・当工場の社員は、どんなときも、交通法規を遵守することをあらためて、宣言してください。

　最後に、健康管理面でも、これから寒くなるとともに、インフルエンザやノロウィルスなどもはやる時季です。手洗いやうがいを励行するなどして予防に努めてください。また飲み過ぎ、食べ過ぎや睡眠不足とならないよう、しっかり自分で体調管理して、年末年始を乗りきり、正月は元気に顔を見せてください。また、年末恒例で、職場に限らず、友人や所属団体の忘年会など、1人で何度も忘年会に参加される方もいるかと思いますが、どんな集まりでも、当現場の、作業者であることを忘れず、節度を保って行動していただきたいと思います。

　以上、日常生活のことまでお話ししましたが、くれぐれも各自しっかり自己管理をして、年末年始を事故なく元気に過ごしていただきたいと思います。

参考資料①

安全衛生関係年間行事予定

安全衛生関係

月	行事	主催・主唱	実施期間
1	建設業年末年始労働災害防止強調期間	建設業労働災害防止協会	12/1～1/15
	年末年始無災害運動	中央労働災害防止協会	12/15～1/15
2	職場における健康診断推進運動	(公社)全国労働衛生団体連合会	2/1～28
3	春の全国火災予防運動	消防庁	3/1～7
	車両火災予防運動	消防庁	3/1～7
	下期建築物防災週間	国土交通省	3/1～7
4	春の全国交通安全運動	総務省、警察庁など	4/6～15
	世界保健デー	世界保健機関	4/7
5	世界禁煙デー	世界保健機関	5/31
	禁煙週間	世界保健機関	5/31～6/6
6	全国安全週間準備期間	厚生労働省、中央労働災害防止協会	6/1～30
	土砂災害防止月間	国土交通省	6/1～30
	危険物安全週間	消防庁	6月第2週（日曜日～土曜日までの1週間）
7	国民安全の日	総務省	7/1
	全国安全週間	厚生労働省、中央労働災害防止協会	7/1～7
8	食品衛生月間	厚生労働省	8/1～31
	電気使用安全月間	経済産業省	8/1～31

年間行事予定

月	行事	主催・主唱	実施期間
	防災週間	国土交通省	8/30〜9/5
	上期建築物防災週間	国土交通省	8/30〜9/5
9	全国労働衛生週間準備期間	厚生労働省、中央労働災害防止協会	9/1〜30
	健康増進普及月間	厚生労働省	9/1〜30
	全国作業環境測定・評価推進運動	(社)日本作業環境測定協会	9/1〜30
	防災の日	国土交通省	9/1
	自殺予防週間	厚生労働省	9/10〜16
	秋の全国交通安全運動	総務省、警察庁など	9/21〜30
	クレーンの日	日本クレーン協会、ボイラ・クレーン協会	9/30
10	全国労働衛生週間	厚生労働省、中央労働災害防止協会	10/1〜7
	体力つくり強調月間	文部科学省	10/1〜31
11	過労死等防止啓発月間	厚生労働省	11/1〜11/30
	特定自主検査強調月間	建設荷役車両安全技術協会	11/1〜30
	ボイラーデー	日本ボイラ協会	11/8
	秋の全国火災予防運動	消防庁	11/9〜15
12	建設業年末年始労働災害防止強調期間	建設業労働災害防止協会	12/1〜1/15
	年末年始無災害運動	中央労働災害防止協会	12/15〜1/15

参考資料②

安全衛生年間計画記載例

平成　　年度　○○食品　安全衛生管理計画表

基本方針	1　社長・役員が率先して安全はすべてに優先することを行動で示し、危険を予知して「危ない作業は絶対しない・させない」の実践定着を図る 2　法令遵守を徹底するとともに、自主的な安全衛生基準の設定による管理の向上を図る 3　全従業員の健康の保持増進と快適な職場環境の形成を促進する 4　全ての社員に対し、安全衛生確保のため十分な教育・訓練を実施する
前年度の活動の評価と見直し	1　経営首脳と安全衛生委員会による安全パトロールが繁忙期には実施されなかったため、確実に実施する。 2　ベルトコンベヤーによる巻き込まれ災害（休業4日未満）が発生したため機械の安全化を図る。 3　中堅社員に対する安全衛生教育を計画したが、準備不足で十分にできなかったため、一部を外部に依頼する。 4　定期健康診断の有所見率が53％と高い水準となっているが、再検査等の受診率が低いため徹底を図る。

重点施策	実施項目	目標	担当	4	5	6
安全衛生管理体制の充実強化	1　経営首脳と安全衛生委員の安全パトロールの実施 2　安全衛生委員会の定期開催 3　職場安全衛生会議の開催 4　安全管理者・衛生管理者による巡視 5　産業医の活動の充実 6　来年度計画の策定	1　毎週月曜日に完全実施 2　全ての委員の出席 3　全労働者の参加 4　毎作業日（随時） 5　産業医との連携強化 6　評価・見直しの実施				
日常的安全衛生活動の展開	1　ヒヤリハット活動の定着 2　危険予知活動（ＫＹ活動）の実施 3　安全朝礼の開催 4　４Ｓ活動の実施	1　1人1件以上 2　100％実施 3　100％実施 4　100％実施				
危険・有害要因の除去・低減（リスクアセスメントの実施）	1　リスクアセスメント担当者への教育 2　荷役作業のリスクアセスメントの実施 3　機械の修理作業のリスクアセスメントの実施 4　化学物質のリスクアセスメントの実施	1　製造部リーダーの受講 2　100％実施（2年目） 3　80％実施（1年目）			○	○
施設・機械設備の安全化の推進	1　ベルトコンベヤーへの安全ガードの設置 2　食品加工用機械の自動化の推進 3　階段・通路の表示、滑り止め設置 4　フォークリフト特定自主検査 5　機械設備の作業開始前点検の実施	1　100％実施 2　50％実施（初年度） 3　100％実施 4　100％実施 5　100％実施				
作業方法の安全化	1　食品加工用機械の作業標準の策定 2　食品加工用機械の作業標準の教育・訓練 3　高所作業での墜落災害防止	1　100％実施（2年目） 2　90％実施 3　適正な足場、保護具の使用の徹底				
安全衛生教育の推進	1　新入社員・配置換え時の安全衛生教育 2　技能講習・特別教育の受講 3　ＫＹリーダー、監督者教育（外部） 4　メンタルヘルス担当者研修（外部）	1　100％実施 2　100％受講 3　50％実施（1年目） 4　100％受講（管理職）	玉掛け			
作業環境の改善	1　暑熱作業場所の温度・湿度の測定 2　照明器具の点検（照度の測定）	1　35℃以下の維持 2　照度基準の維持				○ ○
健康保持増進対策の充実	1　健康診断の実施、再検査・精密検査の受診 2　長時間労働者の面談の実施 3　健康相談の実施 4　健康教育の受講 5　ストレスチェックの実施	1　100％受診 2　有所見者の100％実施 3　有所見者の100％実施		○ ○	○	○
安全衛生行事の実施	1　全国安全週間 2　全国労働衛生週間 3　冬期労働災害防止運動	別途企画 別途企画 別途企画		準備		○

計画に対する労働者代表の意見	・ヒヤリハット活動を拡大し、同じ災害が繰り返し発生しないよう対策を徹底してほしい。 ・職場の安全衛生活動、健康確保に労使が協力して取り組みたい。

平成　　年　　月　　日から実施

年間目標	1　社長・役員と安全衛生委員会による安全巡視を毎週実施する。 2　全てのベルトコンベヤーに安全ガードを設置する。 3　ヒヤリハット活動を全ての職場に定着させる。（目標：毎月1人1件以上） 4　全ての食品加工用機械の安全作業標準を作成し、安全教育を実施する。 5　定期健康診断の有所見者に対する健康面談を100％実施する。
リスクアセスメントの実施結果等における特定事項	1　ベルトコンベヤーの安全性を向上させるため、安全ガードを設置する必要がある。 2　食品加工機械の安全装置の有効保持のため作業標準の設定と教育を実施する必要がある。 3　工場内床面での転倒を防止するため、ドライ化、滑り止めの設置を行う。

| 実施スケジュール ||||||||| 評価 | 次年度計画での検討事項 | 留意点 |
7	8	9	10	11	12	1	2	3			
→	→	→	→	→	→	→	→	→	○	安全衛生委員との合同パトロール	チェックリストの活用
→	→	→	→	→	→	→	→	→	○	安全の日の設定	記録の作成・保存
→	→	→	→	→	→	→	→	→	○	安全の日の設定	記録の作成・保存
→	→	→	→	→	→	→	→	→	○	継続実施	チェックリストの活用
→	→	→	→	→	→	→	→	→	○	継続実施	活動記録の作成・保存
								→	○	外部監査の実施（労働安全コンサルタント）	労働者への周知
→	→	→	→	→	→	→	→	→	○	危険感受性向上教育の実施	対策のチェック
→	→	→	→	→	→	→	→	→	○	継続実施	掲示板への掲示
→	→	→	→	→	→	→	→	→	○	安全当番制の実施	危険のポイントの周知
→	→	→	→	→	→	→	→	→	○	継続実施	チェックリストの活用
				検討					○		
○	対策	対策	対策						○	機械設備担当者の教育の受講	ヒヤリハット事例の活用
	○	○	○						○	運転者への反復教育の実施	ヒヤリハット事例の活用
				対策	対策	対策			○	作業手順書の見直し、教育の実施	
○	○	○							○	掃除方法の教育・訓練	作業標準の見直し
○	○	○							○	材料供給装置の改善	作業標準の見直し
				○					○	駐車場での転倒災害防止対策の実施	危険箇所の表示
→	→	→	→	→	→	→	→	→	○	継続実施	法令
				○					○	点検表式の見直し（4Sとの共通様式）	法令・ガイドライン
				○			○		75△	継続実施（目標100％実施）	ガイドライン
				○			○		30×	継続実施（目標100％実施）	ガイドライン
									○	手摺り付き可搬式作業台の導入を図る	法令・協議会指示事項
						→	→	→	○	継続実施	法令
	フォークリフト								○	継続実施	法令
○									○	継続実施	
	○								○	継続実施	
				○					○	継続実施	法令
				○					○	継続実施	法令
									○	継続実施（産業医との連携強化）	法令
						→	→	→	○	継続実施（産業医との連携強化）	法令
○									○	継続実施（産業医との連携強化）	地域産業保健センター
	○								○	継続実施（産業医との連携強化）	地域産業保健センター
									○	継続実施	記録の作成・保存
	準備	○							○	標語の募集	委員会での審議
			○						○	標語の募集	委員会での審議
				○					○	標語の募集	委員会での審議

外部機関等からの安全衛生活動に対する評価	1　職場の安全衛生活動は熱心に行われており、良好に管理されている。 2　物流・配送部門において休業災害が多発しているので、関連業者に対する安全衛生教育をお願いしたい。

平成　　年度　　○○機械工業　安全衛生管理計画表

基本方針	1　社長・役員が率先して安全はすべてに優先することを行動で示し、危険を予知して「危ない作業は絶対しない・させない」の実践定着を図る 2　法令遵守を徹底するとともに、自主的な安全基準の設定による管理の向上を図る 3　全従業員の健康の保持増進と快適な職場環境の形成を促進する 4　全ての社員に対し、安全衛生確保のため十分な教育・訓練を実施する
前年度の活動の評価と見直し	1　経営首脳と安全衛生委員会による安全パトロールが繁忙期には実施されなかったため、確実に実施する。 2　運搬機械(フォークリフト、クレーン)による休業災害が発生したため作業方法の改善を図る。 3　中堅社員に対する安全衛生教育を計画したが、準備不足で十分にできなかったため、一部を外部に依頼する。 4　定期健康診断の有所見率が50％と高い水準となっているが、再検査等の受診率が低いため徹底を図る。

重点施策	実施項目	目　標	担当	4	5	6
安全衛生管理体制の充実強化	1　経営首脳と安全衛生委員の安全パトロールの実施 2　安全衛生委員会の定期開催 3　職場安全衛生会議の開催 4　安全管理者・衛生管理者による巡視 5　産業医の活動の充実 6　来年度計画の策定	1　毎週月曜日に完全実施 2　全ての委員の出席 3　全労働者の参加 4　毎作業日(随時) 5　産業医との連携強化 6　評価・見直しの実施				
日常的安全衛生活動の展開	1　ヒヤリハット活動の定着 2　危険予知活動(KY活動)の実施 3　安全朝礼の開催 4　4S活動の実施	1　1人月1件以上 2　100％実施 3　100％実施 4　100％実施				
危険・有害要因の除去・低減(リスクアセスメントの実施)	1　リスクアセスメント担当者への教育 2　荷役作業のリスクアセスメントの実施 3　機械の修理作業のリスクアセスメントの実施 4　化学物質のリスクアセスメントの実施	1　製造部リーダーの受講 2　100％実施(2年目) 3　80％実施(1年目)			○	○ ○
施設・機械設備の安全化の推進	1　ベルトコンベヤーへの安全ガードの設置 2　工作用機械の自動化の推進 3　階段・通路の滑り止めの設置 4　フォークリフト特定自主検査 5　機械設備の作業開始前点検の実施	1　100％実施 2　50％実施(初年度) 3　100％実施 4　100％実施 5　100％実施				
作業方法の安全化	1　クレーン運転、玉掛け業務の作業標準の見直し 2　フォークリフト運転の作業標準の周知徹底 3　高所作業での墜落災害防止	1　100％実施(2年目) 2　100％実施 3　適正な足場、保護具の使用の徹底				
安全衛生教育の推進	1　新入社員・配置換え時の安全衛生教育 2　技能講習・特別教育の受講 3　KYリーダー、監督者教育(外部) 4　メンタルヘルス担当者研修(外部)	1　100％実施 2　100％受講 3　50％実施(1年目) 4　100％受講(管理職)		玉掛け		
作業環境の改善	1　騒音の測定 2　照明器具の点検(照度の測定)	1　80dB以下の維持 2　照度基準の維持				○ ○
健康保持増進対策の充実	1　健康診断の実施、再検査・精密検査の受診 2　長時間労働者の面談の実施 3　健康相談の実施 4　健康教育の受講 5　ストレスチェックの実施	1　100％受診 2　有所見者の100％実施 3　有所見者の100％実施 4　100％受講		○ ○	○	○ ○
安全衛生行事の実施	1　全国安全週間 2　全国労働衛生週間 3　冬期労働災害防止運動	別途企画 別途企画 別途企画			準備	○
計画に対する労働者代表の意見	・ヒヤリハット活動を拡大し、同じ災害が繰り返し発生しないよう対策を徹底してほしい。 ・職場の安全衛生活動、健康確保増進に労使協力して取り組みたい。					

平成　　年　　月　　日から実施

年間目標	1　社長・役員と安全衛生委員会による安全巡視を毎週実施する。 2　全ての工作機械の本質安全化を確保する。 3　リスクアセスメントを全ての職場に実施する。 4　休業災害0、不休災害5割減を達成する。 5　定期健康診断の有所見者に対する健康面談を100％実施する。
リスクアセスメントの実施結果等における特定事項	1　工作機械の本質安全化を確保するため、ガード、安全装置の設置を徹底する。 2　運搬機械の作業標準の設定と教育を実施する必要がある。 3　工場内の通路・階段での転倒を防止するため、通路の整理整頓、滑り止めの設置を行う。

実施スケジュール									評　価	次年度計画での検討事項	留意点
7	8	9	10	11	12	1	2	3			
→	→	→	→	→	→	→	→	→	○	安全衛生委員との合同パトロール	チェックリストの活用
→	→	→	→	→	→	→	→	→	○	安全の日の設定	記録の作成・保存
→	→	→	→	→	→	→	→	→	○	安全の日の設定	記録の作成・保存
→	→	→	→	→	→	→	→	→	○	継続実施	チェックリストの活用
→	→	→	→	→	→	→	→	→	○	継続実施	活動記録の作成・保存
→	→	→	→	→	→	→	→	→	○	外部監査の実施（労働安全コンサルタント）	労働者への周知
→	→	→	→	→	→	→	→	→	○	危険感受性向上教育の実施	対策のチェック
→	→	→	→	→	→	→	→	→	○	継続実施	掲示板への掲示
→	→	→	→	→	→	→	→	→	○	安全当番制の実施	危険のポイントの周知
→	→	→	→	→	→	→	→	→	○	継続実施	チェックリストの活用
					検討						
○ 対策 ○	○ 対策 ○	○ 対策 ○		対策	対策	対策			○	機械設備担当者の教育の受講	ヒヤリハット事例の活用
									○	運転者への反復教育の実施	ヒヤリハット事例の活用
									○	作業手順書の見直し、教育の実施	
○	○	○							○	掃除方法の教育・訓練	作業標準の見直し
									○	材料供給装置の改善	作業標準の見直し
			○						○	駐車場での転倒災害防止対策の実施	危険箇所の表示
→	→	→	→	→	→	→	→	→	○	継続実施	法令
									○	点検様式の見直し（4Sとの共通様式）	法令・ガイドライン
				○	○	○	○		75△	継続実施（目標100％実施）	ガイドライン
						○	○		30×	継続実施（目標100％実施）	ガイドライン
							→		○	手摺り付き可搬式作業台の導入を図る	法令・協議会指示事項
	フォークリフト								○	継続実施	法令
○									○	継続実施	法令
		○							○	継続実施	
									○	継続実施	
				○					○	継続実施	法令
					○				○	継続実施	法令
→	→	→	→	→	→	→	→	→	○	継続実施（産業医との連携強化）	法令
									○	継続実施（産業医との連携強化）	法令
○									○	継続実施（産業医との連携強化）	地域産業保健センター
		○							○	継続実施（産業医との連携強化）	地域産業保健センター
									○	継続実施	記録の作成・保存
	準備	○							○	標語の募集	委員会での審議
			○						○	標語の募集	委員会での審議
				○					○	標語の募集	委員会での審議

外部機関等からの安全衛生活動に対する評価	1　職場の安全衛生活動が定着しており、良好に管理されている。 2　配送業者の交通災害が発生しており、交通安全教育を実施して安全運転の徹底をお願いしたい。

平成　　年度　○○運送　安全衛生管理計画表

基本方針	1　安全衛生管理体制を確立し、全員協力のもと自主的に安全衛生活動に取り組み、安全衛生水準の向上を目指す 2　安全衛生教育を推進し、安全作業の定着を図る 3　全従業員の健康の保持増進と快適な職場環境の形成を促進する
前年度の活動の評価と見直し	1　作業現場のパトロールを企画したが、繁忙期に実施されなかったため、確実に実施する必要がある 2　トラックの荷台からの墜落災害（休業2ヶ月）が発生したため、作業の安全化を図る必要がある 3　健康診断の有所見率が55％を超えていることから、健康確保増進対策を進める

重点施策	実施項目	目　標	担当	4	5	6
安全衛生管理体制の充実強化	1　経営首脳による安全パトロールの実施 2　安全衛生委員会の定期開催 3　安全管理者・衛生管理者による巡視 4　産業医の活動の充実 5　来年度計画の策定	1　毎月第一月曜日に完全実施 2　全ての委員の出席 3　毎作業日（随時） 4　産業医との連携強化 5　評価・見直しの実施				
作業所における日常的安全衛生活動の展開	1　危険予知活動（交通ＫＹ含む）の実施 2　ヒヤリハット活動の実施 3　安全衛生ミーティングの開催 4　安全朝礼の開催	1　100％実施 2　1人月1件以上 3　100％実施 4　100％実施				
危険・有害要因の除去・低減（リスクアセスメントの実施）	1　リスクアセスメント担当者教育の受講 2　はい作業のリスクアセスメントの実施 3　引っ越し作業のリスクアセスメントの実施 4　化学物質のリスクアセスメントの実施	1　現場責任者 2　100％実施（2年目） 3　80％実施（1年目）			○	○
交通労働災害の防止	1　交通労働災害防止担当者管理者講習 2　点呼等の実施 3　適正な走行計画の作成 4　交通安全教育の実施	1　部門管理職 2　点呼の確実な実施 3　運行ルートの確認（80％） 4　全労働者			○ ○	○ ○
施設・機械設備の安全化の推進	1　フォークリフトへの作業灯の設置 2　墜落防止の安全設備の導入 3　カゴ式台車の導入	1　80％実施 2　プラットホームの整備 3　90％実施（初年度）			○ ○	
作業方法の安全化	1　荷役作業安全マニュアルの整備 2　冬期間の転倒災害の防止	1　80％実施（2年目） 2　融雪装置の実施				
安全衛生教育の推進	1　新入社員・配置換え時の安全衛生教育 2　技能講習・特別教育等の受講（外部） 3　積卸作業指揮者安全教育（外部） 4　安全管理者能力向上教育（外部） 5　能力向上教育（外部） 6　メンタルヘルス担当者研修（外部）	1　100％実施 2　100％受講 3　100％実施 4　安全管理者受講 5　5年目以降100％実施 6　安全衛生推進者受講			フォーク フォーク	移フォーク
作業環境の改善・職業性疾病対策の実施	1　熱中症の防止 2　腰痛予防体操の実施	1　WBGT指標による管理 2　100％実施				○
健康保持増進対策の充実	1　健康診断の実施、再検査・精密検査の受診 2　長時間労働者の面談の実施 3　健康相談の実施 4　健康教育の受講 5　ストレスチェックの実施	1　100％受診 2　有所見者の100％実施 3　有所見者の100％実施 4　100％実施			○ ○	○ ○
安全衛生行事の実施	1　全国安全週間 2　全国労働衛生週間 3　夏期労働災害防止強調運動 4　冬期労働災害防止強調運動 5　年末・年始労働災害防止強調運動	別途企画 別途企画 別途企画 別途企画 別途企画				準備
計画に対する労働者代表の意見	・現場作業者が危険に慣れている状況がみられることから、労働者の危険認識能力を向上させる必要がある。 ・健康の確保については、継続的に労使が協力して取り組みたい					

平成　　年　　月　　日から実施

年間目標	1　社長・役員による作業現場の安全巡視を毎月実施する。 2　荷役作業における墜落災害その他の災害を防止するため、作業基準の周知徹底を図る。 3　ヒヤリハット活動を定着させる。（目標：毎月1人1件以上） 4　荷役作業の安全作業マニュアルを作成し、安全教育を実施する。(2年目、全作業のうち80%) 5　定期健康診断の有所見者に対する健康面談を100％実施する。	
リスクアセスメントの実施結果等における特定事項	1　荷役作業における墜落災害を防止するため、安全設備の導入を図る必要がある。 2　フォークリフトを運転者への能力向上教育を実施する必要がある。 3　冬期間の車両から降りる際に転倒する危険性があり、対策を講じる必要がある。	

実施スケジュール									評価	次年度計画での検討事項	留意点
7	8	9	10	11	12	1	2	3			
→									○	安全衛生委員との合同パトロール	チェックリストの活用
→									○	安全の日の設定	記録の作成・保存
→									○	継続実施	チェックリストの活用
→									○	継続実施	活動記録の作成
			検討						○	外部監査の実施（労働安全コンサルタント）	労働者への周知
→									○	継続実施	危険のポイントの周知
→									○	ヒヤリハット事例のリスクアセスメントの実施	安全衛生会議での検討
→									○	継続実施	記録の作成・保存
→									○	安全当番制の導入	安全当番制の導入
○	○	対策	対策	対策					○	職長教育の受講	外部講習の活用
○		○	○		対策	対策	対策	対策	○	作業標準の安全教育の実施	ヒヤリハット事例の活用
									○	作業標準の安全教育の実施	ヒヤリハット事例の活用
						○			○	定期受講	通達
→									○	継続実施	通達
									○	継続実施	通達
									○	継続実施	通達
	○	○	○						○	継続実施	作業標準の見直し
									○	継続実施	
									○	継続実施	作業標準の見直し
策定	教育	教育	教育設置	○	○	○	○		○	継続実施（目標100％実施）	法令・通達
									○	継続実施（目標100％実施）	法令・通達
フォーク	玉掛け		はい		タイヤ			→	○	継続実施	法令
					○				○	足場の組立等作業主任者能力向上教育の受講	法令・通達
				玉掛け					○	継続実施	法令・通達
	○								○	定期受講	法令・通達
									○	継続実施	通達
									○	継続実施	通達
○	○	○							○	継続実施	通達
									○	継続実施	通達
○			○	○	○		→		○	継続実施（産業医との連携強化）	法令
									○	継続実施（産業医との連携強化）	法令
	○				○				○	継続実施（産業医との連携強化）	地域産業保健センター
○					○				○	継続実施（産業医との連携強化）	地域産業保健センター
									○	継続実施	記録の作成・保存
	準備	○							○	標語の募集	委員会での審議
									○	標語の募集	委員会での審議
○									○	ポスター掲示	委員会での審議
			○	○	○				○	標語の募集	委員会での審議
						○			○	ポスター掲示	委員会での審議

外部機関等からの安全衛生活動に対する評価	1　○○分会の安全パトロールにおいて、保護帽の未着用が繰り返し指摘されている。 2　県内で荷台からの墜落災害が多発しており、墜落防止対策の徹底を要請されている。

平成　　年度　○○建設　安全衛生計画表

基本方針	1　本社・作業所の安全衛生管理体制を確立し、全員協力のもと自主的に安全衛生活動に取り組み、安全衛生水準の向上を目指す 2　下請け業者の安全衛生教育を推進し、安全作業の徹底を図る 3　全従業員の健康の保持増進と快適な職場環境の形成を促進する
前年度の活動の評価と見直し	1　社長・役員によるパトロールを企画したが、繁忙期に実施されなかったため、確実に実施する 2　下請け業者において、安全帯の未使用がパトロールで繰り返し指摘された 3　健康診断の有所見率が55％を超えていることから、健康確保対策を進める

重点施策	実施項目	目　標	担当	4	5	6
安全衛生管理体制の充実強化	1　経営首脳による安全パトロールの実施 2　安全衛生会議（委員会）の定期開催 3　現場安全衛生会議の開催 4　安全衛生管理者による巡視 5　来年度計画の策定	1　毎月第一月曜日に完全実施 2　全ての委員の出席 3　全労働者の参加 4　毎作業日（随時） 5　評価・見直しの実施				
作業所における日常的安全衛生活動の展開	1　安全施工サイクルの実施 2　ヒヤリハット活動の実施 3　危険予知活動（KY活動）の実施 4　安全朝礼の開催 5　安全衛生協議会の開催	1　100％実施 2　1人1月1件以上 3　100％実施 4　100％実施 5　毎月1回以上開催				
危険・有害要因の除去・低減（リスクアセスメントの実施）	1　職長のためのリスクアセスメント教育の受講 2　掘削作業のリスクアセスメントの実施 3　除雪作業のリスクアセスメントの実施 4　化学物質のリスクアセスメントの実施	1　現場責任者 2　100％実施（2年目） 3　80％実施（1年目）			○	○
施設・機械設備の安全化の推進	1　可搬式作業台の導入 2　木材加工用機械の安全性の向上	1　80％実施 2　50％実施（初年度）				
作業方法の安全化	1　手すり先行工法の導入 2　携帯用丸のこ盤の作業標準の策定と教育の実施 3　安全帯の取付設備の改善と安全帯の使用の徹底	1　100％実施（2年目） 2　100％実施 3　100％実施				
安全衛生教育の推進	1　新入社員・配置換え時の安全衛生教育 2　新規入場者安全衛生教育 3　技能講習・特別教育等の受講（外部） 4　職長教育（外部） 5　メンタルヘルス担当者研修（外部）	1　100％実施 2　100％受講 3　100％実施 4　100％実施 5　安全衛生推進者受講		足場	型枠	玉掛け
作業環境の改善・職業性疾病の防止	1　WBGT指標による作業管理（熱中症の防止） 2　塗装作業時の換気設備、防毒マスクの使用 3　内燃機関使用時の換気設備、測定 4　溶接作業時の換気設備、防じんマスクの使用 5　適切な振動工具の選択、作業時間管理	1　毎作業日（6〜9月） 2　100％実施 3　100％受講 4　100％実施 5　100％実施（舗装工事）				○
健康保持増進対策の充実	1　健康診断の実施、再検査・精密検査の受診 2　長時間労働者の面談の実施 3　健康相談の実施 4　健康教育の受講 5　ストレスチェックの実施	1　100％受診 2　有所見者の100％実施 3　有所見者の100％実施 4　100％実施			○ ○	○
安全衛生行事の実施	1　全国安全週間 2　全国労働衛生週間 3　冬期労働災害防止運動 4　年度末労働災害防止強調月間	別途企画 別途企画 別途企画 別途企画				準備
計画に対する労働者代表の意見	・現場作業者が危険に慣れている状況がみられることから、労働者の危険認識能力を向上させる必要がある ・下請け業者との安全衛生活動を活発にしてもらいたい ・健康の確保については、継続的に労使が協力して取り組みたい					

平成　　年　　月　　日から実施

年間目標	1　社長・役員による安全巡視を毎月実施する。 2　足場組み立て・解体作業における手すり先行工法を導入する。（全ての対象工事） 3　高所作業での安全帯の使用の徹底を図る（全労働者） 4　安全作業標準を作成し、安全教育を実施する。（2年目、全作業のうち80％） 5　定期健康診断の有所見者に対する健康面談を100％実施する。
リスクアセスメントの実施結果等における特定事項	1　足場組立て・解体作業において、墜落の危険性を低減するため手すり先行工法の導入を図る必要がある 2　携帯用丸のこ盤を使用した場合にリスクが残存するため、より安全な機械設備の導入を図る必要がある 3　梯子・脚立を使用する作業について、安全な設備の導入を図る必要がある

| 実施スケジュール ||||||||| 評価 | 次年度計画での検討事項 | 留意点 |
7	8	9	10	11	12	1	2	3			
→	→	→	→	→	→	→	→	→	○	安全衛生委員との合同パトロール	チェックリストの活用
→	→	→	→	→	→	→	→	→	○	安全の日の設定	記録の作成・保存
→	→	→	→	→	→	→	→	→	○	安全の日の設定	記録の作成・保存
→	→	→	→	→	→	→	→	→	○	継続実施	チェックリストの活用
							検討	○	○	外部監査の実施（労働安全コンサルタント）	労働者への周知
→	→	→	→	→	→	→	→	→	○	継続実施	日誌への記入
→	→	→	→	→	→	→	→	→	○	ヒヤリハット事例のリスクアセスメントの実施	安全衛生会議での検討
→	→	→	→	→	→	→	→	→	○	継続実施	危険のポイントの周知
→	→	→	→	→	→	→	→	→	○	安全当番制の導入	記録の作成・保存
→	→	→	→	→	→	→	→	→	○	災害事例の活用、ヒヤリハット事例の活用	下請業者幹部の参加
○									○	職長教育の受講	外部講習の活用
○	対策	対策	対策						○	土止め支保工の組立て・解体作業の安全化	ヒヤリハット事例の活用
	○	○	○	対策	対策	対策	対策	対策	○	作業手順書の見直し、教育の実施	ヒヤリハット事例の活用
	○	○	○						○	継続実施	作業標準の見直し
	○	○	○						○	継続実施	作業標準の見直し
				→	→	→	→	→	○	継続実施（目標100％実施）	法令・通達
策定		○	○						○	教育・訓練の継続（不安全行動の防止）	法令・通達
									○	教育・訓練の継続（不安全行動の防止）	法令・協会指示事項
				→	→	→	→	→	○	継続実施	法令
									○	継続実施	法令・通達
	足場		玉掛け		足場				○	足場の組立等作業主任者能力向上教育の受講	法令・通達
	○		○		○				○	継続実施	法令・通達
	○				○				○	継続実施	法令・通達
○	○								○	休憩設備の確保（冷房の設置）	法令・通達
→	→	→	→	→	→	→	→	→	○	継続実施	法令・通達
				○	○	○	○	○	○	継続実施	法令・通達
→	→	→	→	→	→	→	→	→	○	継続実施	法令・通達
									○	継続実施	法令・通達
○					→	→	→	→	○	継続実施	法令・通達
		○							○	継続実施	産業医ほか
			○						○	継続実施	産業医ほか
○									○	継続実施	記録の作成・保存
○									○	標語の募集	委員会での審議
	準備	○							○	標語の募集	委員会での審議
				○	○				○	標語の募集	委員会での審議
						○			○	標語の募集	委員会での審議
								○	○	標語の募集	委員会での審議

外部機関等からの安全衛生活動に対する評価	1　○○協会の安全パトロールにおいて、安全帯の未着用が繰り返し指摘されている。 2　○○協会から、リスクアセスメントの導入を指導されている。 3　県内で足場からの墜落による死亡災害が発生しており、対策の徹底を要請されている。

全工期（年間）安全衛生管理計画表

工事件名　○○○○ビル新築工事

			月 10 20	月 10 20	月 10 20	月 10 20	月 10 20
工事工程表	仮設工事		仮囲・囲機足場		タワークレーン	足場組立・設置	
	杭工事			場所打杭			
	根切り・土止め工事			土止め杭／土止め工事	根切り工事		
	躯体工事					基礎・地中梁・1F土間／1F躯体	2F躯体／3F躯体
	外装工事						
	内装工事						
	設備工事				躯体設備		
	外構工事						
特定危険・有害要因	重点管理項目 (A)　特定した危険・有害要因のうち、重点管理を実施する危険・有害要因を工事工程に合わせて記載する。	Ⅰ	杭工事:機械の転倒、機械との接触、材料取扱等の災害				
		Ⅱ			荷揚げ・荷降し:荷の取扱誤災害		
		Ⅲ				足場組立:足場から墜落	
		Ⅳ				鉄筋・型枠組立、型枠解体:足場、床の隙、開口部からの墜落	
		Ⅴ					
	月 別（工程別）管理項目 (B)　上記以外の、その他の特定した危険・有害要因を工事工程に合わせて記載する。		①仮設材荷卸し作業:ユニック車が転倒　②仮設荷卸し作業:荷の取扱災害　③仮設設備作業:第三者と接触	①掘削作業:バックホーと接触　②土止め支保工:崩壊　③感電災害　④第三者:作業場出入口接触災害　⑤ダンプ運行:交通事故	①タワークレーン組立作業:墜落　②支保工材移動時:支保工が墜落　③通行・移動時:つまずき、転倒　④移動式クレーン:転倒　⑤荷揚げ・荷降し:荷の取扱災害	①携帯用丸鋸使用時の災害　②材料搬入:荷揚しの災害　③鉄筋・型枠組立:脚立、うまから転落　④コンクリート打設:型枠支保工倒壊	①デッキプレート敷:開口部、デッキ上から墜落　②携帯用丸鋸使用時の災害　③鉄筋・型枠組立:脚立、うまから転落　④コンクリート打設:型枠支保工倒壊　⑤型枠解体:解体材の飛来落下
特定実施対策事項	重点実施対策事項 (A)　重点管理を行う危険・有害要因に対する実施対策事項を記載する。	Ⅰ	①機械据付足元、養生の徹底	①社内帳票使用による確認と指示の徹底	①機械稼働範囲の立入禁止の徹底	①機械移動時の誘導者配置の徹底	①合図及び合図確認の徹底
		Ⅱ	②合金圧縮止め玉掛けワイヤ使用と始業前点検の徹底		②荷の取出作業時等の介錯ロープ使用の徹底		②クレーン作業中止基準の遵守徹底
		Ⅲ	③作業手順の周知と手順の遵守徹底	②作業主任者による直接作業指揮の徹底		②社内基準に基づく安全帯使用の徹底	
		Ⅳ	④親綱または手すりの先行設置と注意標識掲出の徹底			③足場、床端部作業時の安全帯使用の徹底	
		Ⅴ	⑤社内基準に基づく安全帯使用の徹底	③ローリング足場使用上の留意事項の遵守徹底	③脚立作業:安定した平らな床上での使用の徹底		
	月 別（工程別）実施対策事項 (B)　月別（工程別）の危険・有害要因管理項目に対する実施対策事項を記載する。		①アウトリガーの最大張り出し使用の徹底　②運転手の役割分担明確化の徹底　③一般歩行者対策の徹底	①建設機械稼働範囲の立入禁止の徹底　②点検指名者による開始前点検の徹底　③作業前の漏電遮断装置作動確認の徹底　④一般歩行者対策の徹底　⑤ダンプ運行時の運行対策の徹底	①親綱の先行設置と安全帯使用の徹底　②親綱の先行設置と安全帯使用の徹底　③整理整頓、安全通路確保の徹底　④アウトリガーの最大張り出し使用の徹底　⑤吊り荷の目的地まで着視、誘導等の徹底	①正しい姿勢、安定した状態での使用の徹底　②運転手の役割分担明確化の使用の徹底　③うま足場3点支持、足場板固定の徹底　④型枠支保工:コンクリート打設前点検の徹底	①親綱先行設置と安全帯使用の徹底　②正しい姿勢、安定した状態での使用の徹底　③うま足場3点支持、足場板固定の徹底　④型枠作業工:コンクリート打設前点検の徹底　⑤解体作業範囲の立入禁止措置の徹底
行事予定　毎日、毎週、毎月行う安全施工サイクル以外の行事計画を記載する。			1 全国労働衛生週間　2 支店安全衛生委員会パトロール　3 深礎杭工事個別着工前打合せ(施工会議)	1 支店安全衛生委員会パトロール　2 支店安全衛生委員会パトロール	1 年末労働災害防止強調運動　2 支店安全衛生委員会パトロール　3 足場組立個別着工前打合せ(施工会議)　4 型枠工事個別着工打合せ(施工会議)	1 年始安全祈願　2 年始労働災害防止強調運動	1 支店安全衛生委員会パトロール

重点目標	安全衛生	1					作成・承認者	統括安全衛生責任者		・	・
		2						元方安全衛生管理者		・	・
		3						作 成 者		・	・

月　　　　　月　　　　　月　　　　　月　　　　　月　　　　　月　　　　　月　　　　　月
10　20　　10　20　　10　20　　10　20　　10　20　　10　20　　10　20　　10　20

足場解体

4F躯体　　5F躯体　　6F躯体　　上棟
　　　　　　　　　　　7F躯体　　▼

引渡し

外壁タイル・吹付け　　　　　　　　　　　　　　　　　　　　入居者検査
内装工事　　　　　　　　　　　　　　　　　検査
給排水・空調・EV設備工事
　　　　　　　　　　　　　　立駐機械設置
　　　　　　　　　　　　　　外構工事

足場解体：足場から墜落

内装、設備工事作業：脚立、ローリング、高所作業車等からの墜落

①デッキプレート敷:開口部、デッキ上から墜落	①デッキプレート敷:開口部、デッキ上から墜落	①足場使用作業:足場から墜落	①足場使用作業:足場から墜落	①外構工事:バックホーとの接触	①舗装工事:ローラー等との接触
②携帯用丸鋸使用時の災害	②コンクリート打設:型枠支保工倒壊	②全作業:開口部から墜落	②全作業:開口部から墜落	②機械組立作業時の、荷の取扱い災害	②高所作業車転倒
③鉄筋・型枠組立:脚立、うまから転落	③断熱材:引火火災	③電動工具使用時の災害	③通行時・移動時:つまずき転倒	③グラインダー等、研磨機械器具による災害	③機械設備調整作業中の災害
④コンクリート打設:型枠支保工倒壊	④仮置き材:飛来落下	④粉じん作業:じん肺	④移動式クレーン:転倒	④熱中症	④熱中症
⑤型枠解体:解体材の飛来落下	⑤塗装作業:有機溶剤中毒	⑤溶接・溶断:火災	⑤材料搬入:荷降し時の災害	⑤ピット内作業:酸欠	⑤外構工事:第三者と接触
④吊り荷下立入禁止の徹底	⑤吊り荷の目的地まで看視、誘導、合図の徹底				

①速やかなデッキプレート固定の徹底	①親綱先行設置と安全帯使用の徹底	①社内基準に定める安全帯使用の徹底	①手すり取外しの許可・復旧の徹底	①建設機械稼働範囲の立入禁止の徹底	①建設機械稼働範囲の立入禁止の徹底
②正しい姿勢、安定した状態での使用の徹底	②型枠支保工:コンクリート打設前点検の徹底	②開口部周り・養生蓋設置の徹底	②社内基準に基づく安全帯使用の徹底	②作業指揮者による直接作業指揮の徹底	②傾斜地、接地個所等での使用禁止の徹底
③脚立:安定した平らな床上での使用徹底	③可燃物整理・防炎シートでの養生の徹底	③保護具使用の徹底	③整理整頓、安全通路確保の徹底	③保護具使用の徹底	③関係者への周知、電源遮断、表示の徹底
④型枠支保工:コンクリート打設前点検の徹底	④開口部付近仮置き禁止・ロープ掛けの徹底	④防じんマスク使用の徹底	④安全機能保持の徹底	④作業開始前の健康状態確認の徹底	④予防方法、症状、救急措置教育の実施
⑤解体作業範囲の立入禁止措置の徹底	⑤作業箇所の換気・呼吸用保護具使用の徹底	⑤可燃物整理・防炎シートでの養生の徹底	⑤運転手との役割分担明確化の徹底	⑤作業開始前、作業中の測定と換気の徹底	⑤一般歩行者対策の徹底
1 年度末特別災害防止運動(3/1〜4/15)	1 年度初特別災害防止運動(1日〜15日)	1 支店安全衛生委員会パトロール	1 全国安全週間準備月間(1日〜30日)	1 全国安全週間(1日〜7日)	1 支店安全衛生委員会パトロール
2 支店安全衛生委員会パトロール	2 支店安全衛生委員会パトロール		2 支店安全衛生委員会パトロール	2 支店安全衛生委員会パトロール	
3 高所作業車特別教育					
4 消火・退避訓練					

117

参考資料③

ストレスチェック指針

ストレスチェック指針

心理的な負担の程度を把握するための検査及び面接指導の実施並びに面接指導結果に基づき事業者が講ずべき措置に関する指針
(平成27年4月15日心理的な負担の程度を把握するための検査等指針公示第1号)

労働安全衛生法(昭和47年法律第57号)第66条の10第7項の規定に基づき、心理的な負担の程度を把握するための検査及び面接指導の実施並びに面接指導結果に基づき事業者が講ずべき措置に関する指針を次のとおり公表する。

1 趣旨

　近年、仕事や職業生活に関して強い不安、悩み又はストレスを感じている労働者が5割を超える状況にある中、事業場において、より積極的に心の健康の保持増進を図るため、「労働者の心の健康の保持増進のための指針」(平成18年3月31日付け健康保持増進のための指針公示第3号。以下「メンタルヘルス指針」という。)を公表し、事業場における労働者の心の健康の保持増進のための措置(以下「メンタルヘルスケア」という。)の実施を促進してきたところである。

　しかし、仕事による強いストレスが原因で精神障害を発病し、労災認定される労働者が、平成18年度以降も増加傾向にあり、労働者のメンタルヘルス不調を未然に防止することが益々重要な課題となっている。

　こうした背景を踏まえ、平成26年6月25日に公布された「労働安全衛生法の一部を改正する法律」(平成26年法律第82号)においては、心理的な負担の程度を把握するための検査(以下「ストレスチェック」という。)及びその結果に基づく面接指導の実施を事業者に義務付けること等を内容としたストレスチェック制度が新たに創設された。

また、この新たな制度の実施に当たっては、個人情報の保護に関する法律（平成15年法律第57号）の趣旨を踏まえ、特に労働者の健康に関する個人情報（以下「健康情報」という。）の適正な取扱いの確保を図る必要がある。

　本指針は、労働安全衛生法（昭和47年法律第57号。以下「法」という。）第66条の10第7項の規定に基づき、ストレスチェック及び面接指導の結果に基づき事業者が講ずべき措置が適切かつ有効に実施されるため、ストレスチェック及び面接指導の具体的な実施方法又は面接指導の結果についての医師からの意見の聴取、就業上の措置の決定、健康情報の適正な取扱い並びに労働者に対する不利益な取扱いの禁止等について定めたものである。

2　ストレスチェック制度の基本的な考え方

　事業場における事業者による労働者のメンタルヘルスケアは、取組の段階ごとに、労働者自身のストレスへの気付き及び対処の支援並びに職場環境の改善を通じて、メンタルヘルス不調となることを未然に防止する「一次予防」、メンタルヘルス不調を早期に発見し、適切な対応を行う「二次予防」及びメンタルヘルス不調となった労働者の職場復帰を支援する「三次予防」に分けられる。

　新たに創設されたストレスチェック制度は、これらの取組のうち、特にメンタルヘルス不調の未然防止の段階である一次予防を強化するため、定期的に労働者のストレスの状況について検査を行い、本人にその結果を通知して自らのストレスの状況について気付きを促し、個々の労働者のストレスを低減させるとともに、検査結果を集団ごとに集計・分析し、職場におけるストレス要因を評価し、職場環境の改善につなげることで、ストレスの要因そのものを低減するよう努めることを事業者に求めるものである。さらにその中で、ストレスの高い者を早期に発見し、医師による面接指導につなげることで、労働者のメンタルヘルス不調を未然に防止することを目的としている。

事業者は、メンタルヘルス指針に基づき各事業場の実態に即して実施される二次予防及び三次予防も含めた労働者のメンタルヘルスケアの総合的な取組の中に本制度を位置付け、メンタルヘルスケアに関する取組方針の決定、計画の作成、計画に基づく取組の実施、取組結果の評価及び評価結果に基づく改善の一連の取組を継続的かつ計画的に進めることが望ましい。

　また、事業者は、ストレスチェック制度が、メンタルヘルス不調の未然防止だけでなく、従業員のストレス状況の改善及び働きやすい職場の実現を通じて生産性の向上にもつながるものであることに留意し、事業経営の一環として、積極的に本制度の活用を進めていくことが望ましい。

3　ストレスチェック制度の実施に当たっての留意事項
　ストレスチェック制度を円滑に実施するためには、事業者、労働者及び産業保健スタッフ等の関係者が、次に掲げる事項を含め、制度の趣旨を正しく理解した上で、本指針に定める内容を踏まえ、衛生委員会又は安全衛生委員会（以下「衛生委員会等」という。）の場を活用し、互いに協力・連携しつつ、ストレスチェック制度をより効果的なものにするよう努力していくことが重要である。

① 　ストレスチェックに関して、労働者に対して受検を義務付ける規定が置かれていないのは、メンタルヘルス不調で治療中のため受検の負担が大きい等の特別の理由がある労働者にまで受検を強要する必要はないためであり、本制度を効果的なものとするためにも、全ての労働者がストレスチェックを受検することが望ましい。

② 　面接指導は、ストレスチェックの結果、高ストレス者として選定され、面接指導を受ける必要があると実施者が認めた労働者に対して、医師が面接を行い、ストレスその他の心身及び勤務の状況等を確認することにより、当該労働者のメンタルヘルス不調のリスクを評価し、本人に指導を行うとともに、必要に応じて、事業者による適切な措置につなげるためのものである。このため、面接指導を受ける必要があ

ると認められた労働者は、できるだけ申出を行い、医師による面接指導を受けることが望ましい。
③　ストレスチェック結果の集団ごとの集計・分析及びその結果を踏まえた必要な措置は、労働安全衛生規則（昭和47年労働省令第32号。以下「規則」という。）第52条の14の規定に基づく努力義務であるが、事業者は、職場環境におけるストレスの有無及びその原因を把握し、必要に応じて、職場環境の改善を行うことの重要性に留意し、できるだけ実施することが望ましい。

4　ストレスチェック制度の手順
　ストレスチェック制度に基づく取組は、次に掲げる手順で実施するものとする。
　ア　基本方針の表明
　　事業者は、法、規則及び本指針に基づき、ストレスチェック制度に関する基本方針を表明する。
　イ　ストレスチェック及び面接指導
　　①　衛生委員会等において、ストレスチェック制度の実施方法等について調査審議を行い、その結果を踏まえ、事業者がその事業場におけるストレスチェック制度の実施方法等を規程として定める。
　　②　事業者は、労働者に対して、医師、保健師又は厚生労働大臣が定める研修を修了した看護師若しくは精神保健福祉士（以下「医師等」という。）によるストレスチェックを行う。
　　③　事業者は、ストレスチェックを受けた労働者に対して、当該ストレスチェックを実施した医師等（以下「実施者」という。）から、その結果を直接本人に通知させる。
　　④　ストレスチェック結果の通知を受けた労働者のうち、高ストレス者として選定され、面接指導を受ける必要があると実施者が認めた労働者から申出があった場合は、事業者は、当該労働者に対して、医師による面接指導を実施する。

⑤ 事業者は、面接指導を実施した医師から、就業上の措置に関する意見を聴取する。
⑥ 事業者は、医師の意見を勘案し、必要に応じて、適切な措置を講じる。

ウ 集団ごとの集計・分析
① 事業者は、実施者に、ストレスチェック結果を一定規模の集団ごとに集計・分析させる。
② 事業者は、集団ごとの集計・分析の結果を勘案し、必要に応じて、適切な措置を講じる。

5 衛生委員会等における調査審議
（1）衛生委員会等における調査審議の意義
　　ストレスチェック制度を円滑に実施するためには、事業者、労働者及び産業保健スタッフ等の関係者が、制度の趣旨を正しく理解した上で、本指針に定める内容を踏まえ、互いに協力・連携しつつ、事業場の実態に即した取組を行っていくことが重要である。このためにも、事業者は、ストレスチェック制度に関する基本方針を表明した上で、事業の実施を統括管理する者、労働者、産業医及び衛生管理者等で構成される衛生委員会等において、ストレスチェック制度の実施方法及び実施状況並びにそれを踏まえた実施方法の改善等について調査審議を行わせることが必要である。

（2）衛生委員会等において調査審議すべき事項
　　規則第22条において、衛生委員会等の付議事項として「労働者の精神的健康の保持増進を図るための対策の樹立に関すること」が規定されており、当該事項の調査審議に当たっては、ストレスチェック制度に関し、次に掲げる事項を含めるものとする。また、事業者は、当該調査審議の結果を踏まえ、法令に則った上で、当該事業場におけるストレスチェック制度の実施に関する規程を定め、これをあらかじめ労働者に対して周知するものとする。

① ストレスチェック制度の目的に係る周知方法
・ ストレスチェック制度は、労働者自身のストレスへの気付き及びその対処の支援並びに職場環境の改善を通じて、メンタルヘルス不調となることを未然に防止する一次予防を目的としており、メンタルヘルス不調者の発見を一義的な目的とはしないという趣旨を事業場内で周知する方法。
② ストレスチェック制度の実施体制
・ ストレスチェックの実施者及びその他の実施事務従事者の選任等ストレスチェック制度の実施体制。実施者が複数いる場合は、共同実施者及び実施代表者を明示すること。この場合において、当該事業場の産業医等が実施者に含まれるときは、当該産業医等を実施代表者とすることが望ましい。
　なお、外部機関にストレスチェックの実施の全部を委託する場合は、当該委託契約の中で委託先の実施者、共同実施者及び実施代表者並びにその他の実施事務従事者を明示させること（結果の集計業務等の補助的な業務のみを外部機関に委託する場合にあっては、当該委託契約の中で委託先の実施事務従事者を明示させること）。
③ ストレスチェック制度の実施方法
・ ストレスチェックに使用する調査票及びその媒体。
・ 調査票に基づくストレスの程度の評価方法及び面接指導の対象とする高ストレス者を選定する基準。
・ ストレスチェックの実施頻度、実施時期及び対象者。
・ 面接指導の申出の方法。
・ 面接指導の実施場所等の実施方法。
④ ストレスチェック結果に基づく集団ごとの集計・分析の方法
・ 集団ごとの集計・分析の手法。
・ 集団ごとの集計・分析の対象とする集団の規模。
⑤ ストレスチェックの受検の有無の情報の取扱い

- 事業者による労働者のストレスチェックの受検の有無の把握方法。
- ストレスチェックの受検の勧奨の方法。

⑥ ストレスチェック結果の記録の保存方法
- ストレスチェック結果の記録を保存する実施事務従事者の選任。
- ストレスチェック結果の記録の保存場所及び保存期間。
- 実施者及びその他の実施事務従事者以外の者によりストレスチェック結果が閲覧されないためのセキュリティの確保等の情報管理の方法。

⑦ ストレスチェック、面接指導及び集団ごとの集計・分析の結果の利用目的及び利用方法
- ストレスチェック結果の本人への通知方法。
- ストレスチェックの実施者による面接指導の申出の勧奨方法。
- ストレスチェック結果、集団ごとの集計・分析結果及び面接指導結果の共有方法及び共有範囲。
- ストレスチェック結果を事業者へ提供するに当たっての本人の同意の取得方法。
- 本人の同意を取得した上で実施者から事業者に提供するストレスチェック結果に関する情報の範囲。
- 集団ごとの集計・分析結果の活用方法。

⑧ ストレスチェック、面接指導及び集団ごとの集計・分析に関する情報の開示、訂正、追加及び削除の方法
- 情報の開示等の手続き。
- 情報の開示等の業務に従事する者による秘密の保持の方法。

⑨ ストレスチェック、面接指導及び集団ごとの集計・分析に関する情報の取扱いに関する苦情の処理方法
- 苦情の処理窓口を外部機関に設ける場合の取扱い。
  なお、苦情の処理窓口を外部機関に設ける場合は、当該外部機関において労働者からの苦情又は相談に対し適切に対応すること

ができるよう、当該窓口のスタッフが、企業内の産業保健スタッフと連携を図ることができる体制を整備しておくことが望ましい。
⑩ 労働者がストレスチェックを受けないことを選択できること
  ・ 労働者にストレスチェックを受検する義務はないが、ストレスチェック制度を効果的なものとするためにも、全ての労働者がストレスチェックを受検することが望ましいという制度の趣旨を事業場内で周知する方法。
⑪ 労働者に対する不利益な取扱いの防止
  ・ ストレスチェック制度に係る労働者に対する不利益な取扱いとして禁止される行為を事業場内で周知する方法。

6 ストレスチェック制度の実施体制の整備
　ストレスチェック制度は事業者の責任において実施するものであり、事業者は、実施に当たって、実施計画の策定、当該事業場の産業医等の実施者又は委託先の外部機関との連絡調整及び実施計画に基づく実施の管理等の実務を担当する者を指名する等、実施体制を整備することが望ましい。当該実務担当者には、衛生管理者又はメンタルヘルス指針に規定する事業場内メンタルヘルス推進担当者を指名することが望ましいが、ストレスチェックの実施そのものを担当する実施者及びその他の実施事務従事者と異なり、ストレスチェック結果等の個人情報を取り扱わないため、労働者の解雇等に関して直接の権限を持つ監督的地位にある者を指名することもできる。

7 ストレスチェックの実施方法等
（1）実施方法
　ア ストレスチェックの定義
　　　法第66条の10第1項の規定によるストレスチェックは、調査票を用いて、規則第52条の9第1項第1号から第3号までに規定する次の3つの領域に関する項目により検査を行い、労働者のストレ

スの程度を点数化して評価するとともに、その評価結果を踏まえて高ストレス者を選定し、医師による面接指導の要否を確認するものをいう。
① 職場における当該労働者の心理的な負担の原因に関する項目
② 心理的な負担による心身の自覚症状に関する項目
③ 職場における他の労働者による当該労働者への支援に関する項目

イ　ストレスチェックの調査票

　事業者がストレスチェックに用いる調査票は、規則第52条の9第1項第1号から第3号までに規定する3つの領域に関する項目が含まれているものであれば、実施者の意見及び衛生委員会等での調査審議を踏まえて、事業者の判断により選択することができるものとする。

　なお、事業者がストレスチェックに用いる調査票としては、別添の「職業性ストレス簡易調査票」を用いることが望ましい。

ウ　ストレスの程度の評価方法及び高ストレス者の選定方法・基準

（ア）個人のストレスの程度の評価方法

　　事業者は、ストレスチェックに基づくストレスの程度の評価を実施者に行わせるに当たっては、点数化した評価結果を数値で示すだけでなく、ストレスの状況をレーダーチャート等の図表で分かりやすく示す方法により行わせることが望ましい。

（イ）高ストレス者の選定方法

　　次の①又は②のいずれかの要件を満たす者を高ストレス者として選定するものとする。この場合において、具体的な選定基準は、実施者の意見及び衛生委員会等での調査審議を踏まえて、事業者が決定するものとする。

① 調査票のうち、「心理的な負担による心身の自覚症状に関する項目」の評価点数の合計が高い者

② 調査票のうち、「心理的な負担による心身の自覚症状に関す

る項目」の評価点数の合計が一定以上の者であって、かつ、「職場における当該労働者の心理的な負担の原因に関する項目」及び「職場における他の労働者による当該労働者への支援に関する項目」の評価点数の合計が著しく高い者

　実施者による具体的な高ストレス者の選定は、上記の選定基準のみで選定する方法のほか、選定基準に加えて補足的に実施者又は実施者の指名及び指示のもとにその他の医師、保健師、看護師若しくは精神保健福祉士又は産業カウンセラー若しくは臨床心理士等の心理職が労働者に面談を行いその結果を参考として選定する方法も考えられる。この場合、当該面談は、法第66条の10第１項の規定によるストレスチェックの実施の一環として位置付けられる。

　エ　健康診断と同時に実施する場合の留意事項

　　事業者は、ストレスチェック及び法第66条第１項の規定による健康診断の自覚症状及び他覚症状の有無の検査（以下「問診」という。）を同時に実施することができるものとする。ただし、この場合において、事業者は、ストレスチェックの調査票及び健康診断の問診票を区別する等、労働者が受検・受診義務の有無及び結果の取扱いがそれぞれ異なることを認識できるよう必要な措置を講じなければならないものとする。

（２）実施者の役割

　　実施者は、ストレスチェックの実施に当たって、当該事業場におけるストレスチェックの調査票の選定並びに当該調査票に基づくストレスの程度の評価方法及び高ストレス者の選定基準の決定について事業者に対して専門的な見地から意見を述べるとともに、ストレスチェックの結果に基づき、当該労働者が医師による面接指導を受ける必要があるか否かを確認しなければならないものとする。

　　なお、調査票の回収、集計若しくは入力又は受検者との連絡調整等の実施の事務については、必ずしも実施者が直接行う必要はな

く、実施事務従事者に行わせることができる。事業者は、実施の事務が円滑に行われるよう、実施事務従事者の選任等必要な措置を講じるものとする。
（3）受検の勧奨
　　自らのストレスの状況について気付きを促すとともに、必要に応じ面接指導等の対応につなげることで、労働者がメンタルヘルス不調となることを未然に防止するためには、全ての労働者がストレスチェックを受けることが望ましいことから、事業者は、実施者からストレスチェックを受けた労働者のリストを入手する等の方法により、労働者の受検の有無を把握し、ストレスチェックを受けていない労働者に対して、ストレスチェックの受検を勧奨することができるものとする。なお、この場合において、実施者は、ストレスチェックを受けた労働者のリスト等労働者の受検の有無の情報を事業者に提供するに当たって、労働者の同意を得る必要はないものとする。
（4）ストレスチェック結果の通知及び通知後の対応
　ア　労働者本人に対するストレスチェック結果の通知方法
　　　事業者は、規則第52条の12の規定に基づき、ストレスチェック結果が実施者から、遅滞なく労働者に直接通知されるようにしなければならない。この場合において、事業者は、ストレスチェック結果のほか、次に掲げる事項を通知させることが望ましい。
　　①　労働者によるセルフケアに関する助言・指導
　　②　面接指導の対象者にあっては、事業者への面接指導の申出窓口及び申出方法
　　③　面接指導の申出窓口以外のストレスチェック結果について相談できる窓口に関する情報提供
　イ　ストレスチェック結果の通知後の対応
　　（ア）面接指導の申出の勧奨
　　　　ストレスチェックの結果、高ストレス者として選定され、面接

指導を受ける必要があると実施者が認めた労働者のうち、面接指導の申出を行わない労働者に対しては、規則第52条の16第3項の規定に基づき、実施者が、申出の勧奨を行うことが望ましい。
（イ）相談対応

　事業者は、ストレスチェック結果の通知を受けた労働者に対して、相談の窓口を広げ、相談しやすい環境を作ることで、高ストレスの状態で放置されないようにする等適切な対応を行う観点から、日常的な活動の中で当該事業場の産業医等が相談対応を行うほか、産業医等と連携しつつ、保健師、看護師若しくは精神保健福祉士又は産業カウンセラー若しくは臨床心理士等の心理職が相談対応を行う体制を整備することが望ましい。

（5）ストレスチェック結果の記録及び保存

　ストレスチェック結果の事業者への提供について、労働者から同意を得て、実施者からその結果の提供を受けた場合は、規則第52条の13第2項の規定に基づき、事業者は、当該ストレスチェック結果の記録を作成して、これを5年間保存しなければならない。

　労働者の同意が得られていない場合には、規則第52条の11の規定に基づき、事業者は、実施者によるストレスチェック結果の記録の作成及び当該実施者を含む実施事務従事者による当該記録の保存が適切に行われるよう、記録の保存場所の指定、保存期間の設定及びセキュリティの確保等必要な措置を講じなければならない。この場合において、ストレスチェック結果の記録の保存については、実施者がこれを行うことが望ましく、実施者が行うことが困難な場合には、事業者は、実施者以外の実施事務従事者の中から記録の保存事務の担当者を指名するものとする。

　実施者又は実施者以外の実施事務従事者が記録の保存を行うに当たっては、5年間保存することが望ましい。

　なお、ストレスチェック結果の記録の保存方法には、書面による保存及び電磁的記録による保存があり、電磁的記録による保存を行

う場合は、厚生労働省の所管する法令の規定に基づく民間事業者等が行う書面の保存等における情報通信の技術の利用に関する省令（平成17年厚生労働省令第44号）に基づき適切な保存を行う必要がある。また、ストレスチェック結果の記録は「医療情報システムの安全管理に関するガイドライン」の直接の対象ではないが、事業者は安全管理措置等について本ガイドラインを参照することが望ましい。

8 面接指導の実施方法等
 (1) 面接指導の対象労働者の要件
　　　規則第52条の15の規定に基づき、事業者は、上記7（1）ウ（イ）に掲げる方法により高ストレス者として選定された者であって、面接指導を受ける必要があると実施者が認めた者に対して、労働者からの申出に応じて医師による面接指導を実施しなければならない。
 (2) 対象労働者の要件の確認方法
　　　事業者は、労働者から面接指導の申出があったときは、当該労働者が面接指導の対象となる者かどうかを確認するため、当該労働者からストレスチェック結果を提出させる方法のほか、実施者に当該労働者の要件への該当の有無を確認する方法によることができるものとする。
 (3) 実施方法
　　　面接指導を実施する医師は、規則第52条の17の規定に基づき、面接指導において次に掲げる事項について確認するものとする。
　　① 当該労働者の勤務の状況（職場における当該労働者の心理的な負担の原因及び職場における他の労働者による当該労働者への支援の状況を含む。）
　　② 当該労働者の心理的な負担の状況
　　③ ②のほか、当該労働者の心身の状況
　　　なお、事業者は、当該労働者の勤務の状況及び職場環境等を勘案した適切な面接指導が行われるよう、あらかじめ、面接指導を実施する医師に対して当該労働者に関する労働時間、労働密度、深夜業の回数

及び時間数、作業態様並びに作業負荷の状況等の勤務の状況並びに職場環境等に関する情報を提供するものとする。

（4）面接指導の結果についての医師からの意見の聴取

　　法第66条の10第5項の規定に基づき、事業者が医師から必要な措置についての意見を聴くに当たっては、面接指導実施後遅滞なく、就業上の措置の必要性の有無及び講ずべき措置の内容その他の必要な措置に関する意見を聴くものとする。具体的には、次に掲げる事項を含むものとする。

　ア　下表に基づく就業区分及びその内容に関する医師の判断

就業区分		就業上の措置の内容
区分	内容	
通常勤務	通常の勤務でよいもの	―
就業制限	勤務に制限を加える必要のあるもの	メンタルヘルス不調を未然に防止するため、労働時間の短縮、出張の制限、時間外労働の制限、労働負荷の制限、作業の転換、就業場所の変更、深夜業の回数の減少又は昼間勤務への転換等の措置を講じる。
要休業	勤務を休む必要のあるもの	療養等のため、休暇又は休職等により一定期間勤務させない措置を講じる。

　イ　必要に応じ、職場環境の改善に関する意見

（5）就業上の措置の決定及び実施

　　法第66条の10第6項の規定に基づき、事業者が労働者に対して面接指導の結果に基づく就業上の措置を決定する場合には、あらかじめ当該労働者の意見を聴き、十分な話し合いを通じてその労働者の了解が得られるよう努めるとともに、労働者に対する不利益な取扱いにつながらないように留意しなければならないものとする。なお、労働者

の意見を聴くに当たっては、必要に応じて、当該事業場の産業医等の同席の下に行うことが適当である。

　事業者は、就業上の措置を実施し、又は当該措置の変更若しくは解除をしようとするに当たっては、当該事業場の産業医等と他の産業保健スタッフとの連携はもちろんのこと、当該事業場の健康管理部門及び人事労務管理部門の連携にも十分留意する必要がある。また、就業上の措置の実施に当たっては、特に労働者の勤務する職場の管理監督者の理解を得ることが不可欠であることから、事業者は、プライバシーに配慮しつつ、当該管理監督者に対し、就業上の措置の目的及び内容等について理解が得られるよう必要な説明を行うことが適当である。

　また、就業上の措置を講じた後、ストレス状態の改善が見られた場合には、当該事業場の産業医等の意見を聴いた上で、通常の勤務に戻す等適切な措置を講ずる必要がある。

（6）結果の記録及び保存

　規則第52条の18第2項の規定に基づき、事業者は、面接指導の結果に基づき、次に掲げる事項を記載した記録を作成し、これを5年間保存しなければならない。なお、面接指導結果の記録の保存について、電磁的記録による保存を行う場合は、7（5）の電磁的記録による保存を行う場合の取扱いと同様とする。

① 面接指導の実施年月日
② 当該労働者の氏名
③ 面接指導を行った医師の氏名
④ 当該労働者の勤務の状況
⑤ 当該労働者の心理的な負担の状況
⑥ その他の当該労働者の心身の状況
⑦ 当該労働者の健康を保持するために必要な措置についての医師の意見

9 ストレスチェック結果に基づく集団ごとの集計・分析及び職場環境の改善
  (1) 集団ごとの集計・分析の実施

    事業者は、規則第52条の14の規定に基づき、実施者に、ストレスチェック結果を一定規模の集団ごとに集計・分析させ、その結果を勘案し、必要に応じて、当該集団の労働者の実情を考慮して、当該集団の労働者の心理的な負担を軽減するための適切な措置を講じるよう努めなければならない。このほか、集団ごとの集計・分析の結果は、当該集団の管理者等に不利益が生じないようその取扱いに留意しつつ、管理監督者向け研修の実施又は衛生委員会等における職場環境の改善方法の検討等に活用することが望ましい。

    また、集団ごとの集計・分析を行った場合には、その結果に基づき、記録を作成し、これを5年間保存することが望ましい。
  (2) 集団ごとの集計・分析結果に基づく職場環境の改善

    事業者は、ストレスチェック結果の集団ごとの集計・分析結果に基づき適切な措置を講ずるに当たって、実施者又は実施者と連携したその他の医師、保健師、看護師若しくは精神保健福祉士又は産業カウンセラー若しくは臨床心理士等の心理職から、措置に関する意見を聴き、又は助言を受けることが望ましい。

    また、事業者が措置の内容を検討するに当たっては、ストレスチェック結果を集団ごとに集計・分析した結果だけではなく、管理監督者による日常の職場管理で得られた情報、労働者からの意見聴取で得られた情報及び産業保健スタッフによる職場巡視で得られた情報等も勘案して職場環境を評価するとともに、勤務形態又は職場組織の見直し等の様々な観点から職場環境を改善するための必要な措置を講ずることが望ましい。このため、事業者は、次に掲げる事項に留意することが望ましい。

    ① 産業保健スタッフから管理監督者に対し職場環境を改善するための助言を行わせ、産業保健スタッフ及び管理監督者が協力しながら

改善を図らせること。

② 管理監督者に、労働者の勤務状況を日常的に把握させ、個々の労働者に過度な長時間労働、疲労、ストレス又は責任等が生じないようにする等、労働者の能力、適性及び職務内容に合わせた配慮を行わせること。

10 労働者に対する不利益な取扱いの防止

事業者が、ストレスチェック及び面接指導において把握した労働者の健康情報等に基づき、当該労働者の健康の確保に必要な範囲を超えて、当該労働者に対して不利益な取扱いを行うことはあってはならない。このため、事業者は、次に定めるところにより、労働者の不利益な取扱いを防止しなければならないものとする。

（1）法の規定により禁止されている不利益な取扱い

法第66条の10第3項の規定に基づき、事業者は、労働者が面接指導の申出をしたことを理由とした不利益な取扱いをしてはならず、また、労働者が面接指導を受けていない時点においてストレスチェック結果のみで就業上の措置の要否及び内容を判断することはできないことから、事業者は、当然に、ストレスチェック結果のみを理由とした不利益な取扱いについても、これを行ってはならない。

（2）禁止されるべき不利益な取扱い

次に掲げる事業者による不利益な取扱いについては、一般的に合理的なものとはいえないため、事業者はこれらを行ってはならないものとする。なお、不利益な取扱いの理由がそれぞれに掲げる理由以外のものであったとしても、実質的にこれらに該当するとみなされる場合には、当該不利益な取扱いについても、行ってはならないものとする。

ア 労働者が受検しないこと等を理由とした不利益な取扱い

① ストレスチェックを受けない労働者に対して、これを理由とした不利益な取扱いを行うこと。例えば、就業規則においてストレスチェックの受検を義務付け、受検しない労働者に対して懲戒処

分を行うことは、労働者に受検を義務付けていない法の趣旨に照らして行ってはならないこと。
② ストレスチェック結果を事業者に提供することに同意しない労働者に対して、これを理由とした不利益な取扱いを行うこと。
③ 面接指導の要件を満たしているにもかかわらず、面接指導の申出を行わない労働者に対して、これを理由とした不利益な取扱いを行うこと。

イ 面接指導結果を理由とした不利益な取扱い
① 措置の実施に当たり、医師による面接指導を行うこと又は面接指導結果に基づく必要な措置について医師の意見を聴取すること等の法令上求められる手順に従わず、不利益な取扱いを行うこと。
② 面接指導結果に基づく措置の実施に当たり、医師の意見とはその内容・程度が著しく異なる等医師の意見を勘案し必要と認められる範囲内となっていないもの又は労働者の実情が考慮されていないもの等の法令上求められる要件を満たさない内容の不利益な取扱いを行うこと。
③ 面接指導の結果を理由として、次に掲げる措置を行うこと。
（a）解雇すること。
（b）期間を定めて雇用される者について契約の更新をしないこと。
（c）退職勧奨を行うこと。
（d）不当な動機・目的をもってなされたと判断されるような配置転換又は職位（役職）の変更を命じること。
（e）その他の労働契約法等の労働関係法令に違反する措置を講じること。

11　ストレスチェック制度に関する労働者の健康情報の保護
　ストレスチェック制度において、実施者が労働者のストレスの状況を正確に把握し、メンタルヘルス不調の防止及び職場環境の改善につなげ

るためには、事業場において、ストレスチェック制度に関する労働者の健康情報の保護が適切に行われることが極めて重要であり、事業者がストレスチェック制度に関する労働者の秘密を不正に入手するようなことがあってはならない。このため、法第66条の10第2項ただし書の規定において、労働者の同意なくストレスチェック結果が事業者には提供されない仕組みとされている。このほか、事業者は、次に定めるところにより、労働者の健康情報の保護を適切に行わなければならないものとする。

（１）実施事務従事者の範囲と留意事項

　規則第52条の10第2項の規定に基づき、ストレスチェックを受ける労働者について解雇、昇進又は異動に関して直接の権限を持つ監督的地位にある者は、ストレスチェックの実施の事務に従事してはならない。

　なお、事業者が、労働者の解雇、昇進又は異動の人事を担当する職員（当該労働者の解雇、昇進又は異動に直接の権限を持つ監督的地位にある者を除く。）をストレスチェックの実施の事務に従事させる場合には、次に掲げる事項を当該職員に周知させなければならないものとする。

① ストレスチェックの実施事務従事者には法第104条の規定に基づき秘密の保持義務が課されること。

② ストレスチェックの実施の事務は実施者の指示により行うものであり、実施の事務に関与していない所属部署の上司等の指示を受けてストレスチェックの実施の事務に従事することによって知り得た労働者の秘密を漏らしたりしてはならないこと。

③ ストレスチェックの実施の事務に従事したことによって知り得た労働者の秘密を、自らの所属部署の業務等のうちストレスチェックの実施の事務とは関係しない業務に利用してはならないこと。

（２）ストレスチェック結果の労働者への通知に当たっての留意事項

　規則第52条の12の規定に基づき、事業者は、実施者にストレスチェック結果を労働者に通知させるに当たっては、封書又は電子メー

ル等で当該労働者に直接通知させる等、結果を当該労働者以外が把握できない方法で通知させなければならないものとする。

(3) ストレスチェック結果の事業者への提供に当たっての留意事項

ア 労働者の同意の取得方法

ストレスチェック結果が当該労働者に知らされていない時点でストレスチェック結果の事業者への提供についての労働者の同意を取得することは不適当であるため、事業者は、ストレスチェックの実施前又は実施時に労働者の同意を取得してはならないこととし、同意を取得する場合は次に掲げるいずれかの方法によらなければならないものとする。ただし、事業者は、労働者に対して同意を強要する行為又は強要しているとみなされるような行為を行ってはならないことに留意すること。

① ストレスチェックを受けた労働者に対して当該ストレスチェックの結果を通知した後に、事業者、実施者又はその他の実施事務従事者が、ストレスチェックを受けた労働者に対して、個別に同意の有無を確認する方法。

② ストレスチェックを受けた労働者に対して当該ストレスチェックの結果を通知した後に、実施者又はその他の実施事務従事者が、高ストレス者として選定され、面接指導を受ける必要があると実施者が認めた労働者に対して、当該労働者が面接指導の対象であることを他の労働者に把握されないような方法で、個別に同意の有無を確認する方法。

なお、ストレスチェックを受けた労働者が、事業者に対して面接指導の申出を行った場合には、その申出をもってストレスチェック結果の事業者への提供に同意がなされたものとみなして差し支えないものとする。

イ 事業者に提供する情報の範囲

事業者へのストレスチェック結果の提供について労働者の同意が得られた場合には、実施者は、事業者に対して当該労働者に通知す

る情報と同じ範囲内の情報についてストレスチェック結果を提供することができるものとする。
　　　　なお、衛生委員会等で調査審議した上で、当該事業場における事業者へのストレスチェック結果の提供方法として、ストレスチェック結果そのものではなく、当該労働者が高ストレス者として選定され、面接指導を受ける必要があると実施者が認めた旨の情報のみを事業者に提供する方法も考えられる。ただし、この方法による場合も、実施者が事業者に当該情報を提供するに当たっては、上記アの①又は②のいずれかの方法により、労働者の同意を取得しなければならないことに留意する。
　　ウ　外部機関との情報共有
　　　　事業者が外部機関にストレスチェックの実施の全部を委託する場合（当該事業場の産業医等が共同実施者とならない場合に限る。）には、当該外部機関の実施者及びその他の実施事務従事者以外の者は、当該労働者の同意なく、ストレスチェック結果を把握してはならない。なお、当該外部機関の実施者が、ストレスチェック結果を委託元の事業者の事業場の産業医等に限定して提供することも考えられるが、この場合にも、緊急に対応を要する場合等特別の事情がない限り、当該労働者の同意を取得しなければならないものとする。
　　エ　事業場におけるストレスチェック結果の共有範囲の制限
　　　　事業者は、本人の同意により事業者に提供されたストレスチェック結果を、当該労働者の健康確保のための就業上の措置に必要な範囲を超えて、当該労働者の上司又は同僚等に共有してはならないものとする。
（4）集団ごとの集計・分析の結果の事業者への提供に当たっての留意事項
　　ア　集団ごとの集計・分析の最小単位
　　　　集団ごとの集計・分析を実施した実施者は、集団ごとの集計・分析の結果を事業者に提供するに当たっては、当該結果はストレス

チェック結果を把握できるものではないことから、当該集団の労働者個人の同意を取得する必要はない。ただし、集計・分析の単位が少人数である場合には、当該集団の個々の労働者が特定され、当該労働者個人のストレスチェック結果を把握することが可能となるおそれがあることから、集計・分析の単位が10人を下回る場合には、集団ごとの集計・分析を実施した実施者は、集計・分析の対象となる全ての労働者の同意を取得しない限り、事業者に集計・分析の結果を提供してはならないものとする。ただし、個々の労働者が特定されるおそれのない方法で集計・分析を実施した場合はこの限りでないが、集計・分析の手法及び対象とする集団の規模について、あらかじめ衛生委員会等で調査審議を行わせる必要があることに留意すること。

　イ　集団ごとの集計・分析の結果の共有範囲の制限

　　　集団ごとの集計・分析の結果は、集計・分析の対象となった集団の管理者等にとっては、その当該事業場内における評価等につながり得る情報であり、無制限にこれを共有した場合、当該管理者等に不利益が生じるおそれもあることから、事業者は、当該結果を事業場内で制限なく共有してはならないものとする。

（5）面接指導結果の事業者への提供に当たっての留意事項

　　面接指導を実施した医師は、規則第52条の18第2項に規定する面接指導結果に関する情報を事業者に提供するに当たっては、必要に応じて情報を適切に加工することにより、当該労働者の健康を確保するための就業上の措置を実施するため必要な情報に限定して提供しなければならないこととし、診断名、検査値若しくは具体的な愁訴の内容等の生データ又は詳細な医学的情報は事業者に提供してはならないものとする。

　　なお、事業場の産業医等ではなく、外部の医師が面接指導を実施した場合、当該医師は、当該労働者の健康を確保するために必要な範囲で、当該労働者の同意を取得した上で、当該事業場の産業医等に対し

て生データ又は詳細な医学的情報を提供することができるものとする。

12　その他の留意事項等
（１）産業医等の役割
　　ア　ストレスチェック制度における産業医等の位置付け
　　　　産業医は、法第13条並びに規則第13条、第14条及び第15条の規定に基づき、事業場における労働者の健康管理等の職務を行う者であり、そのための専門的知識を有する者である。また、規則第15条の規定に基づき、事業者は、産業医に対し、労働者の健康障害を防止するための必要な措置を講じる権限を与えなければならないこととされている。このように、産業医は、事業場における労働者の健康管理等の取組の中心的役割を果たすことが法令上想定されている。
　　　　このため、産業医がストレスチェック及び面接指導を実施する等、産業医が中心的役割を担うことが適当であり、ストレスチェック制度の実施責任を負う事業者は、産業医の役割についてイのとおり取り扱うことが望ましい。
　　　　なお、事業場によっては、複数の医師が当該事業場における労働者の健康管理等の業務に従事しており、その中で、産業医以外の精神科医又は心療内科医等が労働者のメンタルヘルスケアに関する業務を担当している場合等も考えられるが、こうした場合においては、ストレスチェック制度に関して、当該精神科医又は心療内科医等が中心的役割を担うことも考えられる。
　　イ　産業医等の具体的な役割
　　　①　ストレスチェックの実施
　　　　　ストレスチェックは当該事業場の産業医等が実施することが望ましい。なお、ストレスチェックの実施の全部を外部に委託する場合にも、当該事業場の産業医等が共同実施者となり、中心的役割を果たすことが望ましい。
　　　②　面接指導の実施

面接指導は当該事業場の産業医等が実施することが望ましい。
   ③　事業者による医師の意見聴取
　　事業者は、法第66条の10第5項の規定に基づき、医師から必要な措置についての意見を聴くに当たって、面接指導を実施した医師が、事業場外の精神科医又は心療内科医等である場合等当該事業場の産業医等以外の者であるときは、当該事業者の事業場の産業医等からも面接指導を実施した医師の意見を踏まえた意見を聴くことが望ましい。
（2）派遣労働者に関する留意事項
　ア　派遣元事業者と派遣先事業者の役割
　　派遣労働者に対するストレスチェック及び面接指導については、法第66条の10第1項から第6項までの規定に基づき、派遣元事業者がこれらを実施することとされている。
　　一方、努力義務となっている集団ごとの集計・分析については、職場単位で実施することが重要であることから、派遣先事業者においては、派遣先事業場における派遣労働者も含めた一定規模の集団ごとにストレスチェック結果を集計・分析するとともに、その結果に基づく措置を実施することが望ましい。
　イ　派遣労働者に対する就業上の措置に関する留意点
　　派遣元事業者が、派遣労働者に対する面接指導の結果に基づき、医師の意見を勘案して、就業上の措置を講じるに当たっては、労働者派遣契約の変更が必要となること等も考えられることから、必要に応じて派遣先事業者と連携し、適切に対応することが望ましい。
（3）外部機関にストレスチェック等を委託する場合の体制の確認に関する留意事項
　　ストレスチェック又は面接指導は、事業場の状況を日頃から把握している当該事業場の産業医等が実施することが望ましいが、事業者は、必要に応じてストレスチェック又は面接指導の全部又は一部を外部機関に委託することも可能である。この場合には、当該委託先にお

いて、ストレスチェック又は面接指導を適切に実施できる体制及び情報管理が適切に行われる体制が整備されているか等について、事前に確認することが望ましい。

（４）労働者数50人未満の事業場における留意事項

　常時使用する労働者数が50人未満の小規模事業場においては、当分の間、ストレスチェックの実施は努力義務とされている。これらの小規模事業場では、産業医及び衛生管理者の選任並びに衛生委員会等の設置が義務付けられていないため、ストレスチェック及び面接指導を実施する場合は、産業保健スタッフが事業場内で確保できないことも考えられることから、産業保健総合支援センターの地域窓口（地域産業保健センター）等を活用して取り組むことができる。

13　定義

　本指針において、次に掲げる用語の意味は、それぞれ次に定めるところによる。

①　ストレスチェック制度

　法第66条の10に係る制度全体をいう。

②　調査票

　ストレスチェックの実施に用いる紙媒体又は電磁的な媒体による自記式の質問票をいう。

③　共同実施者・実施代表者

　事業場の産業医等及び外部機関の医師が共同でストレスチェックを実施する場合等、実施者が複数名いる場合の実施者を「共同実施者」という。この場合の複数名の実施者を代表する者を「実施代表者」という。

④　実施事務従事者

　実施者のほか、実施者の指示により、ストレスチェックの実施の事務（個人の調査票のデータ入力、結果の出力又は記録の保存（事業者に指名された場合に限る。）等を含む。）に携わる者をいう。

⑤ ストレスチェック結果

　調査票に記入又は入力した内容に基づいて出力される個人の結果であって、次に掲げる内容が含まれるものをいう。
・ 職場における当該労働者の心理的な負担の原因に関する項目、心理的な負担による心身の自覚症状に関する項目及び職場における他の労働者による当該労働者への支援に関する項目について、個人ごとのストレスの特徴及び傾向を数値又は図表等で示したもの
・ 個人ごとのストレスの程度を示したものであって、高ストレスに該当するかどうかを示した結果
・ 医師による面接指導の要否

⑥ 集団ごとの集計・分析

　ストレスチェック結果を事業場内の一定規模の集団（部又は課等）ごとに集計して、当該集団のストレスの特徴及び傾向を分析することをいう。

⑦ 産業医等

　産業医その他労働者の健康管理等を行うのに必要な知識を有する医師をいう。

⑧ 産業保健スタッフ

　事業場において労働者の健康管理等の業務に従事している産業医等、保健師、看護師、心理職又は衛生管理者等をいう。

⑨ メンタルヘルス不調

　精神及び行動の障害に分類される精神障害及び自殺のみならず、ストレス、強い悩み及び不安等、労働者の心身の健康、社会生活及び生活の質に影響を与える可能性のある精神的及び行動上の問題を幅広く含むものをいう。

(別添)

職業性ストレス簡易調査票

A　あなたの仕事についてうかがいます。最もあてはまるものに○を付けてください。

	そうだ	まあそうだ	ややちがう	ちがう
1．非常にたくさんの仕事をしなければならない	1	2	3	4
2．時間内に仕事が処理しきれない	1	2	3	4
3．一生懸命働かなければならない	1	2	3	4
4．かなり注意を集中する必要がある	1	2	3	4
5．高度の知識や技術が必要なむずかしい仕事だ	1	2	3	4
6．勤務時間中はいつも仕事のことを考えていなければならない	1	2	3	4
7．からだを大変よく使う仕事だ	1	2	3	4
8．自分のペースで仕事ができる	1	2	3	4
9．自分で仕事の順番・やり方を決めることができる	1	2	3	4
10．職場の仕事の方針に自分の意見を反映できる	1	2	3	4
11．自分の技能や知識を仕事で使うことが少ない	1	2	3	4
12．私の部署内で意見のくい違いがある	1	2	3	4
13．私の部署と他の部署とはうまが合わない	1	2	3	4
14．私の職場の雰囲気は友好的である	1	2	3	4
15．私の職場の作業環境（騒音、照明、温度、換気など）はよくない	1	2	3	4
16．仕事の内容は自分にあっている	1	2	3	4
17．働きがいのある仕事だ	1	2	3	4

B 最近1か月間のあなたの状態についてうかがいます。最もあてはまるものに○を付けてください。

	ほとんどなかった	ときどきあった	しばしばあった	ほとんどいつもあった
1. 活気がわいてくる	1	2	3	4
2. 元気がいっぱいだ	1	2	3	4
3. 生き生きする	1	2	3	4
4. 怒りを感じる	1	2	3	4
5. 内心腹立たしい	1	2	3	4
6. イライラしている	1	2	3	4
7. ひどく疲れた	1	2	3	4
8. へとへとだ	1	2	3	4
9. だるい	1	2	3	4
10. 気がはりつめている	1	2	3	4
11. 不安だ	1	2	3	4
12. 落着かない	1	2	3	4
13. ゆううつだ	1	2	3	4
14. 何をするのも面倒だ	1	2	3	4
15. 物事に集中できない	1	2	3	4
16. 気分が晴れない	1	2	3	4
17. 仕事が手につかない	1	2	3	4
18. 悲しいと感じる	1	2	3	4
19. めまいがする	1	2	3	4
20. 体のふしぶしが痛む	1	2	3	4
21. 頭が重かったり頭痛がする	1	2	3	4
22. 首筋や肩がこる	1	2	3	4
23. 腰が痛い	1	2	3	4
24. 目が疲れる	1	2	3	4
25. 動悸や息切れがする	1	2	3	4
26. 胃腸の具合が悪い	1	2	3	4

27. 食欲がない	1	2	3	4
28. 便秘や下痢をする	1	2	3	4
29. よく眠れない	1	2	3	4

C　あなたの周りの方々についてうかがいます。最もあてはまるものに○を付けてください。

	非常に	かなり	多少	全くない

次の人たちはどのくらい気軽に話ができますか？

1. 上司	1	2	3	4
2. 職場の同僚	1	2	3	4
3. 配偶者、家族、友人等	1	2	3	4

あなたが困った時、次の人たちはどのくらい頼りになりますか？

4. 上司	1	2	3	4
5. 職場の同僚	1	2	3	4
6. 配偶者、家族、友人等	1	2	3	4

あなたの個人的な問題を相談したら、次の人たちはどのくらいきいてくれますか？

7. 上司	1	2	3	4
8. 職場の同僚	1	2	3	4
9. 配偶者、家族、友人等	1	2	3	4

D　満足度について

	満足	まあ満足	やや不満	不満
1. 仕事に満足だ	1	2	3	4
2. 家庭生活に満足だ	1	2	3	4

田中和三（たなか　かずみ）

【プロフィール】

福岡県北九州市出身。小倉高校、一橋大学法学部卒業。1976年に労働基準監督官任官、大阪、千葉、神奈川の労働基準監督署勤務後、東京の各労働基準監督署で主任監督官、東京労働局で特別司法監督官、労働時間課長、江戸川労働基準監督署長、品川労働基準監督署長、渋谷労働基準監督署長を歴任した。労働局退職後、食品会社労務安全担当顧問を経て、現在一般社団法人日本クレーン協会東京支部の専務理事・事務局長としてクレーン関係各種教習、クレーン災害の防止等労働災害防止に取り組んでいる。

朝礼で話そう！
安全衛生のキーポイント

平成28年4月15日　初版発行

著　者　田中　和三
発　行　企業通信社
　　　　〒170-0004 東京都豊島区北大塚1-16-6
　　　　TEL　03-3917-1135
　　　　FAX　03-3917-1137
発売元　労働調査会
　　　　〒170-0004 東京都豊島区北大塚2-4-5
　　　　TEL　03-3915-6401
　　　　FAX　03-3918-8618
　　　　http://www.chosakai.co.jp/
　　　　ISBN978-4-86319-554-7 C2030

落丁・乱丁はお取り替え致します。
本書の一部あるいは全部を無断で複写複製することは、法律で認められた場合を除き、著作権の侵害となります。